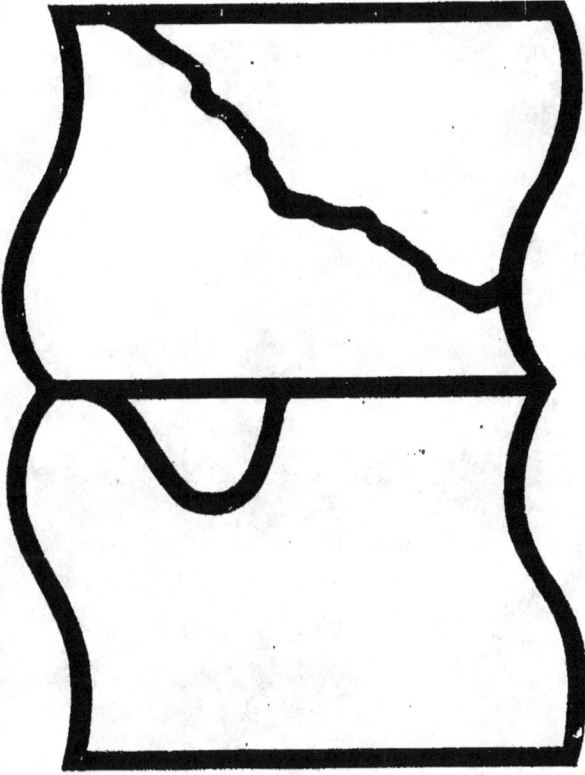

Texte détérioré — reliure défectueuse

NF Z 43-120-11

Symbole applicable
pour tout, ou partie
des documents microfilmés

LA PHILOSOPHIE AFFECTIVE

OUVRAGES DE J. BOURDEAU

Correspondant de l'Institut

Socialistes allemands et Nihilistes russes. 2e édition, 1 vol. in-16 de la *Bibliothèque d'histoire contemporaine* . . . . *(Épuisé)*

L'Évolution du Socialisme. 1 vol. in-12 de la *Bibliothèque d'histoire contemporaine* . . . . *(Épuisé)*

Socialistes et Sociologues, 2e édition. 1 vol. in-16 de la *Bibliothèque de philosophie contemporaine* . 2 fr. 50

Pensées et Fragments de Schopenhauer, publiés avec une *Introduction* et des *Notes* par J. Bourdeau. 23e édition, 1 vol. in-16 de la *Bibliothèque de philosophie contemporaine* . . . . 2 fr. 50

Les Maîtres de la pensée contemporaine : Stendhal, Taine, Renan, Herbert Spencer, Nietzsche, Tolstoï, Ruskin, Victor Hugo. Bilan du xixe siècle, 6e édition, 1 vol. in-16 de la *Bibliothèque de philosophie contemporaine* . . . . 2 fr. 50

Pragmatisme et Modernisme. 1 vol. in-16 de la *Bibliothèque de philosophie contemporaine* . . . 2 fr. 50

Entre deux Servitudes. *Démocratie. Socialisme. Syndicalisme. Impérialisme. Les étapes de l'internationale socialiste. Opinions de sociologues.* 1 vol. in-16. 3 fr. 50

La Rochefoucauld. 1 vol. in-16 de la collection *Les Grands Ecrivains.*

Poètes et Humoristes de l'Allemagne. 1 vol. in-16.

Mémoires de Henri Heine, publiés avec une *Introduction* par J. Bourdeau.

LA
PHILOSOPHIE AFFECTIVE

PAR

J. BOURDEAU

Correspondant de l'Institut.

NOUVEAUX COURANTS ET NOUVEAUX PROBLÈMES
DANS LA PHILOSOPHIE CONTEMPORAINE
DESCARTES ET SCHOPENHAUER
WILLIAM JAMES ET M. BERGSON
M. TH. RIBOT — M. ALFRED FOUILLÉE
TOLSTOÏ ET LEOPARDI

PARIS
LIBRAIRIE FÉLIX ALCAN
108, BOULEVARD SAINT-GERMAIN, 108
—
1912

LA PHILOSOPHIE AFFECTIVE

CHAPITRE PREMIER

LES COURANTS DE LA PHILOSOPHIE CONTEMPORAINE

M. Ludwig Stein, professeur de philosophie à l'Université de Bâle, a entrepris la tâche considérable de nous renseigner sur les multiples courants philosophiques de notre temps dans une suite de brillants essais écrits dans une langue qui n'a rien d'obscur ni d'abstrait et qu'il a réunis en deux volumes. Le premier, intitulé : *Le Sens de l'existence, excursion d'un optimiste à travers la philosophie contemporaine*, a été excellemment traduit par M. Chazaud des Granges. Le second porte le titre mis en tête de ce chapitre (1). M. Stein ne sépare pas les idées et les hommes, il aperçoit dans les systèmes philosophiques le reflet des tempéra-

(1) *Philosophische Haupstrœmungen der Gejenwart.* Stuttgart.

ments, des caractères, des esprits, « des photographies d'âmes ». Il examine, dans la dernière partie de son livre, les grands problèmes qui se posent aujourd'hui de façon si impérieuse au milieu de cette révolution générale dans les sentiments et dans les idées qui va de pair avec celle des institutions et des mœurs : le problème de la connaissance, le plus important de tous, puisqu'il s'agit de la portée et des limites de l'intelligence humaine, le problème religieux, le problème social, le problème de l'autorité, le problème de la tolérance, le problème de l'histoire. M. Chiappelli, qui a professé à l'Université de Naples, a donné de même, dans la *Revue philosophique* (1), d'après M. Stein et d'autres auteurs, parmi lesquels il faut citer M. Eucken, le titulaire du prix Nobel, et M. Hœffding, une revue générale des *tendances vives* de la philosophie actuelle.

M. Chiappelli constate tout d'abord, depuis une vingtaine d'années, une lente résurrection de la philosophie. Le progrès merveilleux des sciences, leurs applications éblouissantes qui tiennent du prodige et qui transforment la vie matérielle, semblaient devoir rejeter dans l'ombre l'œuvre des philosophes, lesquels ne nous apportent ni découvertes, ni faits nouveaux. On annonçait leur crépuscule, on préparait leurs funérailles. La philosophie n'ayant d'autre objet que l'Inconnaissable, la Science devait suffire à tout. Mais la mission des philosophes consiste à élargir les questions, à mesure que l'expé-

(1) Mars 1910.

périence humaine s'accroît à travers les siècles. Ils
nous apportent des conceptions nouvelles de la vie
et du monde qui prolongent les données scientifiques
et qui les dépassent. Ils cherchent enfin une réponse
à cette question de savoir pourquoi nous vivons et
comment nous devons vivre. N'est-ce pas la connaissance capitale pour laquelle les sciences positives
nous laissent dans les ténèbres les plus profondes ?
Ces réponses des philosophes sont, il est vrai, dis-
cordantes, opposées aux solutions traditionnelles et
collectives des dogmes religieux. Devant ces contradictions, les esprits frivoles se réfugient dans le
scepticisme et l'indifférence. C'est là, aux yeux de
M. Ludwig Stein, la solution la moins satisfaisante
et la plus nuisible.

Par l'esprit critique, par l'esprit d'examen et la recherche inquiète de destinées nouvelles pour l'humanité, la philosophie, surtout depuis deux siècles, a
joué un rôle considérable en France, en Angleterre,
en Italie. L'art, la religion, la politique subissent
son influence. Cette Apocalypse de la misère et du
prolétariat qu'est l'œuvre de Karl Marx est imprégnée de Hegel et de Feuerbach ; M. G. Sorel a mis
sous l'invocation des mythes et de la philosophie de
l'intuition son évangile de la violence. Le drame
musical de Wagner est tout pénétré de la philosophie
de Schopenhauer. Le modernisme catholique s'est
inspiré du pragmatisme. Jusque dans le domaine de la
science pure, chimistes, physiciens, mathématiciens,
biologistes abandonnent le positivisme étroit et se
mettent à philosopher. L'intérêt renouvelé pour les

études philosophiques se manifeste par les revues, les sociétés de discussion, les Congrès internationaux. L'échange et la circulation des idées sont aussi larges et aussi rapides qu'en matière de commerce et d'industrie.

Mais ce mouvement ne tend nullement à l'unité. A première vue il paraît singulièrement anarchique, contradictoire, soumis aux fluctuations de la vogue, et il se rattache étroitement au passé.

Depuis 1870, deux penseurs de génie, qui furent en même temps de grands écrivains, ont joui des faveurs de l'opinion dans la petite république des gens qui pensent. La philosophie pessimiste de Schopenhauer, vieille cependant d'un demi-siècle, s'est créé passagèrement un public de broyeurs de noir. Schopenhauer prétend nous ramener au Nirvâna bouddhiste, à l'ascétisme chrétien, tandis que M. Brunetière nous montre du doigt les chemins de Rome et Tolstoï ceux de Bethléem. Tout à l'opposé Nietzsche, poète et prophète, apôtre de la force et de la joie, évoque la vie intense et dangereuse des hommes de la Renaissance païenne. L'un et l'autre, partisans des élites, se proclament des adversaires farouches de la démocratie.

Ils n'ont pas fait école. Depuis Kant et Hegel, il n'y a plus de fondateurs de dynasties philosophiques. Les groupes se sont éparpillés. M. Ludwig Stein nous parle des néo-idéalistes, des néo-positivistes, des néo-romantiques, des néo-vitalistes, des individualistes, des évolutionnistes, etc... Tous ces *néo* nous indiquent que d'anciennes idées sont reprises, remises à neuf, comme si la pensée humaine était condamnée à tourner dans les mêmes cercles, à couler dans les mêmes moules, comme s'il n'y avait pas plus d'idées spontanées que de générations spontanées, et qu'en philosophie, comme dans la nature, il faille toujours être le fils de quelqu'un. Mais quelle distance, quelle complexité croissante sépare l'évolution d'Héraclite de celle de Spencer, ou encore le mysticisme intuitif de Plotin de la philosophie de M. Bergson !

Cette confusion et ce chaos apparents se résolvent en deux grands courants que M. Stein discerne du haut de ses Alpes helvétiques, courants semblables à deux grands fleuves, le Rhin et le Danube, qui suivent des pentes opposées et reçoivent nombre d'affluents : on peut les désigner sous le nom de philosophie de l'intelligence et de philosophie du sentiment.

Les philosophes, en majorité, se laissent entraîner vers l'intellectualisme, pour cette raison très simple qu'ils sont des méditatifs, des sédentaires, le contraire d'hommes d'action, aux passions ardentes. Ils vivent entre les quatre murs de leur cabinet de travail, paisiblement assis à leur petite fenêtre, comme le philosophe de Rembrandt. Ils tendent à substituer leur raisonnement à l'observation et à l'expérience, à plier la nature à leurs théories au lieu de plier leurs théories à la nature. Ils construisent le monde une fois pour toutes et résolvent sa diversité en unité suprême et immuable. Ce sont des logiciens, des adeptes de la méthode mathématique. Le monisme panthéiste de Spinoza offre le modèle de cette philosophie intellectualiste. Mais son étoile pâlit à l'horizon.

De tout temps, une autre philosophie, celle du mouvement, du sentiment, s'est opposée au rationalisme, à l'intellectualisme fixe et stable : Héraclite contre Parménide, Pascal contre Descartes, Rousseau contre Voltaire et les Encyclopédistes, les mystiques contre les logiciens, les romantiques contre les ratiocinants. Cette tendance anti-intellectualiste a pour auxiliaires la biologie, l'idée d'organisme si opposée aux constructions, la psychologie affective. Il n'y a rien d'immobile : tout se meut, croît, se dissout, se transforme, tout coule, tout fermente, tout écume. La conscience elle-même n'est qu'un torrent, en partie souterrain dans la vie subconsciente. La simple observation nous avertit du rôle immense que jouent les sentiments et les passions, moteurs universels, dont l'intelligence n'est que la lumière. Dans l'analyse de la vie intérieure, la philosophie qui ouvre les yeux est ainsi portée à faire une grande part à l'élément affectif, source de l'énergie créatrice.

De cette philosophie du sentiment et de l'action découle une nouvelle conception de la vérité. Elle n'apparaît plus immuable, éternelle, mais mobile comme la réalité qu'elle exprime, évoluant avec elle. Même les vérités scientifiques, ainsi que l'a démontré M. Poincaré, présentent ce caractère relatif. De nouveaux faits nous révèlent de nouveaux rapports. Pour la pratique de la vie, nous cherchons dans les idées moins leur valeur de *connaissance* que leur valeur *d'usage*. Ce qui est vrai, c'est ce qui est fécond (Gœthe) ; ce qui est vrai, c'est ce qui est utile à l'existence humaine (Nietzsche) ; dans la définition de la vérité sont toujours impliquées les conséquences, le pouvoir d'agir (W. James) (1). Une idée vaut ce qu'elle donne et ce qu'elle produit. A la recherche des causes, la philosophie anti-intellectualiste substitue la mesure des valeurs et l'efficacité des buts.

Le rationalisme abstrait du dix-huitième siècle a été destructeur de la tradition. L'évolutionnisme du dix-neuvième aboutit au triomphe de la méthode historique. Après les négations du criticisme et les abus de l'agnosticisme, une philosophie de la foi et du sentiment, de l'enthousiasme, rétablit l'équilibre. Le temps de violent contraste, d'opposition radicale entre la science positive et la philosophie, et de l'une et de l'autre à la religion, fait place à une coopération indépendante.

Connue sous le nom de *pragmatisme*, cette philosophie dont nous venons d'indiquer quelques traits nous est venue d'Amérique ; elle nous apporte une vérité transatlantique, tout en se rattachant à la philosophie anglaise de Bacon à Stuart Mill. William James, admirable écrivain qui joint l'idéalisme à l'humour, profond psychologue, en est le meilleur interprète. — Des tendances analogues se retrouvent en France, aussi bien dans la psychologie physiologique de M. Ribot que dans la philosophie de M. Boutroux

(1) *The meaning of truth*, 1909.

et dans celle de M. Bergson. Elles commencent à pénétrer en Allemagne (1) malgré le goût des Allemands pour la dialectique. L'énergétisme de Mach rentre dans ce courant qui reflète si bien les aspirations de notre époque.

En même temps que les applications de la science, et les conquêtes de l'homme sur la nature, la démocratie grandit qui met le travail au premier plan. Inventeurs, producteurs, créateurs, explorateurs sont les héros du jour. Quelle philosophie leur peut mieux convenir que celle de la volonté et de l'effort qui, sans être pessimiste ou optimiste, ce qui implique un fatalisme, se proclame mélioriste, croit à la possibilité d'améliorer le monde, malgré les obstacles et les échecs, et qui voit dans cette possibilité le sens, le but et la valeur de la vie.

Cette philosophie expérimentale est aussi éloignée du scepticisme que du dogmatisme. Elle combat tous les dogmatismes, qu'ils soient positifs ou négatifs. Au lieu de chercher à construire un système, à imposer un dogme, elle propose une méthode, soumet l'idéalisme à l'expérience ; elle se donne comme provisoire, elle ouvre la porte de l'avenir. Elle aspire non à l'unité mais à la diversité. Elle est la tolérance même, et ne connaît d'autre devise que « vivre et laisser vivre ».

(1) M. ALBERT STEENBERGEN a publié de la philosophie de M. Bergson un excellent résumé : *H. Bergsons intuitive Philosophie*, Iéna, 1909.

CHAPITRE II

LE CENTENAIRE DE RENÉ DESCARTES

Le grand public ne se doute certainement pas que René Descartes, célèbre philosophe et gentilhomme français, naquit à la Haye, en Touraine, le 1er mars 1596, et que, par conséquent, le troisième centenaire de sa naissance tombait en 1896. Les métaphysiciens n'ont eu garde d'oublier cette date. Ils ont voulu honorer discrètement la mémoire « d'un penseur solitaire, d'humeur indépendante et sauvage ». Le comité constitué pour patronner l'édition complète des œuvres de Descartes, n'avait lancé qu'un nombre restreint d'invitations. On se réunit dans une des salles de la nouvelle Sorbonne. M. Liard, auteur d'un livre sur Descartes (1), ouvrit la séance par un discours sobre et vigoureux. Depuis, la *Revue de métaphysique et de morale* a consacré à Descartes tout un numéro auquel ont contribué des professeurs de Marburg, de Halle, d'Ox-

(1) *Descartes*, F. Alcan, 1909.

ford, d'Amsterdam, de Florence, donnant ainsi à cette publication un caractère international. On y a lu des remarquables études par M. Boutroux, M. Brochard, M. Lanson, pour ne citer que ceux-là, sur la morale de Descartes, sur son influence dans la littérature. Et ne croyez pas qu'il s'agisse ici de questions surannées. Les problèmes philosophiques restent toujours actuels parce qu'ils sont éternels.

Descartes, ne l'oublions pas, fut un génie universel, non moins remarquable par la profondeur de ses pensées que par la beauté de son style. Géomètre et physicien, en cosmologie, par sa conception mécanique de l'univers, il a précédé Newton et Laplace. Bien avant la découverte de l'analyse spectrale il affirmait l'unité de la matière dans tous les mondes. Huxley le loue surtout d'avoir été un initiateur dans les recherches du système nerveux sur lesquelles se fonde la psychologie positive. Il a donc été un précurseur dans tous les genres. Bacon a été le prophète de la science moderne, Descartes en est un des fondateurs. Aussi aurions-nous voulu voir réunis, dans un solennel hommage à son œuvre, et les délégués de l'Académie des sciences, et ceux de l'Académie de médecine, et ceux de l'Académie française. La présence de M. le ministres des Affaires étrangères, en qualité d'historien de Richelieu, n'y eût pas été déplacée, car Richelieu sécularisa la politique française comme Descartes, son contemporain, la pensée humaine. Nous ne rendrons jamais assez d'honneurs à leur mémoire. Ainsi que le remarque M. Fouillée dans le brillant petit volume de la « collection des grands écrivains » qu'il a consacré à Descartes, de quelles fêtes triomphales l'anniversaire d'un Kant, d'un Leibnitz ne serait-il pas le signal en Allemagne ! Pourquoi faut-il que Descartes soit plus estimé à l'étranger qu'en France même ? Irions-nous donc perdant le souvenir de nos grands hommes ? N'aurions-nous d'oreilles que pour les criailleries des politiciens ou les facéties des chroniqueurs ?

Nous regrettons que le centenaire de Descartes ait été célébré, nous dirions presque confisqué, par une élite si restreinte, d'autant que la métaphysique est la partie la plus caduque de son œuvre, celle à laquelle il attribuait le moins d'importance. Il a créé non un système, mais une méthode : il est grand moins par ce qu'il a construit en philosophie que par ce qu'il a détruit.

Au dix-septième siècle, l'Église était encore tellement souveraine dans l'ordre intellectuel, que toutes les opinions, toutes les sciences subissaient le joug de la théologie. Descartes affranchit l'esprit humain et le jette hors des voies séculaires. La pensée qu'il exprime dans le *Discours de la méthode pour bien conduire sa raison et chercher la vérité dans les sciences* (1637) fut comme un coup de foudre qui lézarda de haut en bas l'édifice de la scolastique.

Que dit-il donc de si hardi ? Il a lu les auteurs anciens, et n'y a trouvé qu'obscurité. Il a « roulé çà et là dans le monde », s'efforçant d'être « spectateur plutôt qu'acteur dans toutes les comédies qui s'y jouent », fréquenté les cours et les camps, les gens

de toute humeur et de toute classe ; et le conflit des
opinions, la contradiction des mœurs l'a conduit au
doute méthodique. Il s'est résolu à faire table rase,
dans son esprit, de toutes les idées préconçues, traditionnelles, et de ne relever que de l'évidence. Cette
méthode, qui nous semble aujourd'hui si simple,
était alors la plus audacieuse nouveauté, et donna
une impulsion étonnante à la pensée européenne.

Toute la gloire n'en revient pas au seul Descartes.
Les grands hommes ne sont d'ordinaire que des ac-
célérateurs de mouvement. Un Bacon, un Descartes,
un Richelieu eussent été impossibles au moyen âge ;
mais dès la fin du seizième siècle, l'esprit commen-
çait à s'éveiller de ce long rêve fantastique. Le doute
est chez Montaigne plus profond peut être que dans
Descartes. Mais le scepticisme de Descartes est un
scepticisme scientifique qui naît de l'exigence en
fait de preuves. Bien loin de s'y jouer et de s'y com-
plaire comme le fait Montaigne, il y cherche le commencement et le moyen d'une connaissance plus
certaine. Il veut faire de l'esprit humain un instrument de précision pour atteindre les lois de la nature, il professe une foi absolue dans l'avenir illi-
mité de la science.

Dès le *Discours de la méthode* nous voyons apparaître, il est vrai, le vice de la philosophie cartésienne, qui est justement cet excès de confiance en
la raison, dont Descartes croit les hommes trop bien
partagés. Pour ne pas chanceler à chaque instant,
cette orgueilleuse raison ne peut se passer des bé-
quilles de l'observation et de l'expérience. C'est

bien la pensée de Descartes ; mais, emporté par son génie mathématique et déductif, il nous donne comme évidentes des vérités raisonnées qui nous paraissent de pures illusions. Il édifie une nouvelle scolastique sur les ruines de l'ancienne. La preuve qu'il nous apporte de l'existence de Dieu ne nous satisfait guère. Il considère l'âme comme distincte du corps, ce qui n'est rien moins que certain. Il confond la pensée et la volonté, alors que chacun sait que penser et vouloir sont aussi différents en nous que la lumière et les ténèbres. Il prétendra que les bêtes sont de simples machines et leur refusera une âme :

> Les animaux ont-ils des Universités ?
> Voit-on fleurir chez eux les quatre Facultés ?

dira plaisamment Boileau ; mais nous soupçonnons que la nature de l'homme serait encore plus incompréhensible, si les animaux n'existaient point. Bref la philosophie de Descartes est aussi pleine de conjectures que celle d'Aristote, dont il nous délivre. Il ouvre une large porte à l'examen, nous laisse entrevoir de nouveaux horizons et de nouvelles terres et, dès le second pas, il trébuche dans les décombres de la scolastique, revient à Platon, à saint Anselme, aux grandes solutions conformes au christianisme. Il a commencé par douter de tout, il finit par tout croire.

Descartes n'eût pas été grand philosophe, s'il n'avait débité de grandes absurdités. Le mauvais usage de la clef qu'il a forgée ne prouve point d'ailleurs qu'elle soit fausse. Les sciences naturelles, à peine naissantes, ne suffisaient pas à l'éclairer. Enfin, ne nous flattons point de connaître le dernier mot de Descartes, car il ne fut pas libre de l'exprimer.

« Descartes, écrit Bossuet, a toujours craint d'être noté par l'Église, et prenait pour cela des précautions qui allaient jusqu'à l'excès. » Leibnitz l'accuse de duplicité. Mais ils en parlent à leur aise. En dépit de sa prudence qui lui fait supprimer son *Traité de la lumière*, quand il apprend la condamnation de Galilée, et de tous les « biais » qu'il prend « pour ne pas étonner les gens », Descartes fut traité en Hollande comme une brebis galeuse, un paria, ce qui le détermina à se rendre à l'appel de Christine de Suède. Le séjour de Stockholm fut cause de sa mort prématurée, à cinquante-trois ans. Il fut victime des erreurs de son époque. Ne nous étonnons point de ses subterfuges. Lui-même nous a fait signe de ne pas l'interpréter toujours au pied de la lettre. Il insiste sur la spiritualité de l'âme, mais il garde le silence sur son immortalité. « Quant à l'état futur de nos âmes, écrit-il ironiquement, je m'en rapporte à M. Digby. » La caution est bonne, on peut s'y fier.

Voici qui est encore plus probant : M. Ch. Adam a fait, il y a quelques mois, la remarquable découverte d'un manuscrit latin dans la bibliothèque de Gœttingue. C'est la relation d'un interview que Descartes accorda, le 16 avril 1648, à un jeune candidat du nom de Burmann, pendant un repas à Egmont.

Nous devons supposer que Burmann n'a pas cher-
ché à mystifier la postérité, comme M. Maurice Bar-
rès, lorsqu'il a écrit sa spirituelle plaquette : *Huit
jours chez M. Renan.*

Nous retrouvons dans le manuscrit de Gœttingue
l'esprit fier, audacieux, dédaigneux, de René Descartes. Il se défend de porter atteinte à la religion. Il a
voulu simplement, dit-il à son interlocuteur, séparer
la théologie de la philosophie pour rendre cette dernière indépendante. Les vérités théologiques, nous
devons les accepter comme les idiots et les rusti-
ques, mais non les examiner, pour cette raison que
les théologiens sont de grands calomniateurs et suscitent les risques et les guerres — Descartes se souvient de la guerre de Trente Ans à laquelle il a pris
part. — Il se moque de saint Thomas, si particuliè-
rement informé sur la nature des anges. Il a écrit
sa philosophie de telle sorte « qu'on puisse le recevoir même chez les Turcs, sans la moindre offense ».
Il fait un aveu plus grave, touchant les règles de
morale pratique insérées dans le *Discours de la méthode.*

Il a donné ces règles en quelque sorte malgré lui « à
cause des pédagogues et autres gens de même espèce
qui l'auraient accusé d'être sans religion et sans foi,
et de vouloir renverser la morale par sa méthode ».
Il s'occupe bien plus de physique et de régime du
corps que de métaphysique, car « c'est dans la médecine qu'on doit chercher le moyen de rendre les
hommes plus sages et plus habiles ». Il croit non à
l'efficacité des drogues, mais à l'hygiène, plus qu'à

des préceptes de morale sublime que tout le monde
admire et que personne ne suit. O surprise ! Descartes, le père du spiritualisme, nous apparaît dans
cette interview sous les traits d'un positiviste agnostique. Dès lors sa profession de foi chrétienne, son
pèlerinage à Notre-Dame-de-Lorette, nous laisse-
raient perplexes, malgré l'accent de véracité et de
candeur, si nous ne savions de combien de contradictions sont susceptibles les meilleurs esprits.

Le manuscrit de Gœttingue nous prouve encore à
quel point M. Brunetière s'est montré critique pénétrant lorsqu'il a nié qu'il y eût une morale cartésienne,
puisque Descartes se refuse à admettre qu'il puisse
exister une morale autre que scientifique, physiologique, pour ainsi dire. Au contraire, Bossuet, moins
avisé, s'y est laissé prendre : dupe, comme les mes-
sieurs de Port-Royal, de la gravité de Descartes, il
se déclare cartésien ; il croit à un accord possible
entre la raison et la foi. Mais Pascal en dévoile aussitôt l'inanité. Il ramène la religion à son unique
source, le cœur. Il ne pardonne pas à Descartes son
Dieu abstrait, dont celui-ci ne se sert que pour mettre
le monde en mouvement « par une chiquenaude »,
puis dont il n'a plus que faire. Et l'avenir a justifié
les sublimes alarmes de Pascal.

Au dix-huitième siècle le rationalisme cartésien
révéla son principe et sa puissance de destruction.
La théorie de la table rase, en matière religieuse, sociale, économique, politique fait alors fureur. Comme
la philosophie du temps, la Révolution est de pure essence cartésienne. Par une ironie suprême, la raison

devient aussi despotique, cruelle, intolérante que la tradition. Son règne est celui de la Terreur. Il s'achève dans cette apothéose de la déesse Raison, sous les traits d'une fille d'opéra couchée sur un autel profané.

Ainsi la méthode de Descartes, dont les effets ont été si salutaires pour l'affranchissement de l'esprit humain, a eu des conséquences fatales en France : cela, sans doute, parce qu'elle y a été reçue sans intelligence vraie, sans examen, sans contre poids, parce qu'elle est trop en harmonie avec notre génie latin, épris de logique et de clarté.

L'Angleterre a tempéré le rationalisme par l'empirisme baconien, par l'esprit pratique et positif, pénétré de réalité, qui, au lieu de construire des théories immuables, s'applique à observer des faits changeants.

Dès la fin du siècle dernier, la philosophie allemande commence à opposer au rationalisme l'idée d'*organisme*, d'évolution lente, à fonder la méthode historique, pour laquelle Descartes et les cartésiens n'ont eu qu'ignorance ou dédain. Elle démontre que les grandes créations de l'histoire sont l'œuvre non de la raison ratiocinante, mais d'un développement inconscient, que les Constitutions durables sont nées non de la table rase, mais du conflit et du compromis des intérêts et des traditions. Elle justifie le préjugé héréditaire, fruit de l'expérience des siècles.

En même temps, les sciences de la nature, avec Buffon, Lamarck et Darwin, plongent l'homme dans son animalité dont il ne se dégagera jamais entièrement. L'homme nous apparaît désormais, non comme le personnage libre et raisonnable de Descartes, mais tel qu'il est en réalité, esclave le plus souvent de ses instincts et de ses passions, le cœur malade, l'esprit infirme.

Nous devons enfin mentionner cette chétive renaissance du cartésianisme, dans un sens conservateur, qui, pendant la première moitié du siècle, a transformé les hypothèses métaphysiques de Descartes en un catéchisme officiel à l'usage des Universités et des collèges. Mais cette philosophie est aussi surannée que le système de Ptolémée en astronomie. En fondant le libre examen, Descartes exclut l'école et le disciple. Il est un guide et non un maître. Aussi ne saurions-nous mieux célébrer le troisième centenaire de Descartes qu'en nous affranchissant de la philosophie cartésienne et du rationalisme cartésien.

CHAPITRE III

LE PHILOSOPHE DU ROMANTISME

SCHOPENHAUER

Depuis quelq ues années, on s'occupe fort du ro
mantisme : M. Lasserre a écrit un livre contre les
romantiques ; M. Jules Lemaître évoque — avec
quel succès ! — l'un des pères du romantisme littéraire, Chateaubriand ; M. Seillière s'est attaché à la
psychologie et à l'histoire du romantisme ethnique,
aristocratique, prolétarien, économique chez Gobi-
neau, Fourier, Stendhal, Karl Marx, etc. Il nous
présente aujourd'hui, dans un petit volume élégant
et substantiel (1), le philosophe du romantisme,
Arthur Schopenhauer, « le bienheureux Arthur,
comme le dit Nietzsche. devenu un des grands saints
de la religion romantique ».

Révélée en 1870 au public français par Challemel-

---

(1) *Collection des grands écrivains étrangers.*

Lacour, analysée en 1874 par Th. Ribot qui reste le meilleur des guides, la philosophie de Schopenhauer survit aux caprices de la mode. Sans parler des traductions, ses œuvres, augmentées récemment par la publication de manuscrits inédits, se sont vendues, paraît-il, en Allemagne, dans des éditions populaires, à plus de 3oo.ooo exemplaires. Les étudiants russes le lisent avec passion et, fortune rare pour un métaphysicien, on le cite sur les théâtres du boulevard. La bibliographie des commentaires qu'il a suscités remplirait tout un volume : l'une de ces récentes · études, due à M. Th. Ruyssen (1), est la plus complète qui ait paru en France. M. Ruyssen s'est surtout appliqué à mettre en relief les rares mérites de la philosophie de Schopenhauer. M. Seillière, esprit pondéré, judicieux, pénétrant, a été plutôt frappé par les côtés défectueux de la vie, du caractère et de l'œuvre. Il est de ceux, si nous ne nous trompons, qui souscriraient au mot de Gœthe : « J'appelle romantique ce qui est malsain. »

M. Seillière voit à juste titre en Schopenhauer le prophète et l'initiateur de la quatrième génération romantique (186o-189o), dont s'inspirent Wagner et Nietzsche, Tolstoï, Renan par l'intermédiaire de Hartmann, Sully-Prudhomme, Brunetière, Huysmans, d'Annunzio et bien d'autres.

Né à la veille de la Révolution française, le 22 février 1788, Schopenhauer, dès qu'il s'éveille à la vie

----

(1) *Les Grands Philosophes*, publié par M. Piat. —F. Alcan, **1911.**

intellectuelle, respire l'atmosphère du romantisme. Il est appelé, selon la remarque de M. Ruyssen, à faire scandale dans l'histoire de la philosophie en brisant la tradition intellectualiste et rationaliste qui règne dans la philosophie grecque et dans la philosophie moderne depuis Descartes, et qui se perpétue, en se renouvelant, dans la philosophie allemande avec Hegel. Mais déjà Schelling, le premier philosophe romantique, dans sa *Philosophie de la Nature* (1797), substitue, comme le dit M. Seillière, la méthode intuitive à l'observation patiente ; il prétend pénétrer par l'effort du génie l'énigme du monde et déduire *a posteriori* de quelques données sommaires une théorie complète de la nature. Et M. Seillière cite M. Lévy Bruhl, d'après lequel le succès de ces philosophies mystiques, anti-intellectualistes, qui remontent à Plotin et qui promettent à leurs adeptes le contact intime et immédiat avec l'essence des êtres, vient des réminiscences d'une sauvagerie ancestrale.

Mais il y a intuition et intuition. L'intuition de Schopenhauer ou celle de M. Bergson ne ressemble guère à celle des sauvages. Nous nous refusons d'ailleurs à tenir pour infaillible l'intuition du génie, et nous constatons que les intuitions des esprits supérieurs, celle de Schopenhauer, par exemple, qui nie l'évolution, et celle de M. Bergson qui lui attribue un pouvoir créateur, ne concordent guère. La connaissance intuitive peut être une source de vérité aussi bien que d'erreur.

L'intuition, chez Schopenhauer, est née de son

tempérament d'artiste, « de sa sensibilité vulnérable et frémissante ». Son contenu est la résultante de ses années de voyage, de ses observations et de son expérience précoce, de ses lectures, durant ses études d'Université. C'est aux religions, si négligées d'ordinaire et dédaignées des philosophes, c'est aux livres sacrés de l'Inde brahmanique et bouddhiste, nouvellement découverts, aux Évangiles, au christianisme du moyen âge, à Platon, disciple de l'Asie par l'orphisme, à Kant, fils spirituel de l'Orient par Spinoza, aux naturalistes et physiologistes français, Lamarck, Cabanis, Bichat, que Schopenhauer demande le secret de l'énigme du monde et la solution du problème de la destinée humaine. « Ainsi qu'un beau paysage qui se dégage des brouillards du matin », son grand ouvrage, *le Monde comme volonté et comme représentation*, a surgi de cet ensemble si disparate, non par analyse minutieuse, par lente élaboration, mais par une sorte d'hallucination intuitive. Il l'a composé, ce chef-d'œuvre, de vingt-six à trente ans (1814-1818), à Dresde où il fréquentait les artistes et la célèbre galerie de peinture. Cette période féconde a été suivie d'années relativement stériles. Jusqu'à sa mort, survenue en 1860, il n'a publié d'important qu'un volume additionnel (1844) et son œuvre de moraliste, *Parerga et Paralipomena* (1851), qui sont une application, parfois une atténuation de ses principes. Mais son premier ouvrage est resté intact, sans retouches, comme une révélation intangible.

La métaphysique étrange du *Monde comme volonté*

et comme représentation est peu connue de la plupart des admirateurs de Schopenhauer. On en trouvera la claire interprétation dans les livres de M. Ribot, de M. Ruyssen, de M. Seillière. Relevons seulement quelques traits essentiels. L'ancienne philosophie réduisait l'homme à l'intelligence, comme si l'homme n'était que cela, comme si la vie ne nous était révélée que par la pensée, tandis que nous en avons conscience par nos sentiments, par nos actes. L'enfant désire et veut avant de devenir l'être qui réfléchit. Chaque jour, à chaque instant, nous prenons des résolutions où l'intelligence intervient peu. Nous agissons avant d'avoir pensé. Une volonté forte se trouve associée à une pauvre intelligence ou inversement. Bref, notre caractère, que nous ne connaissons que par nos impulsions, nos désirs, nos faits et gestes, est distinct de l'intelligence, il lui est antérieur et supérieur. Notre volonté nous aide à comprendre la nature ; une volonté se manifeste de même sous forme d'instinct dans l'animal, de poussée vitale dans l'ensemble des choses. Schopenhauer en conclut que ce n'est pas l'intelligence, la raison, mais bien la volonté, aveugle et inconsciente, qui constitue cette substance unique de Spinoza, cet Absolu, cette *Chose en soi*, que Kant jugeait inconnaissable, et que l'intuition découvrait à Schopenhauer.

Dans le monde des phénomènes, cette volonté nous apparaît morcelée à l'infini en autant d'espèces et d'individus. Or, chacune de ces parcelles de volonté cherche à durer, à s'accroître, de là cette lutte

éternelle pour la vie que décrira plus tard Darwin,
et qui fait de la nature un champ de carnage où les
individus périssent, où les espèces demeurent. Tourmenté de désirs toujours négatifs, parce qu'ils ne
sont que la cessation d'une peine, toujours renais-
sants, l'homme ne peut atteindre le bonheur qu'il
poursuit sans cesse. Schopenhauer dès sa jeunesse
est convaincu de la médiocrité, de la misère incurable de l'existence humaine. Contrairement à Lamarck et à Darwin, il nie toute évolution, tout progrès. Sous des formes, des noms, des dates différentes, l'histoire ne fait que se répéter. Dans un
monde déchiré par la lutte et par la souffrance, la
volonté, bien qu'elle soit sans but et sans plan,
semble non pas divine, mais démoniaque.

Cependant, à un degré supérieur de l'échelle des
êtres, la volonté allume un flambeau dans l'univers,
l'intelligence qui lui sert de guide. Grâce à cette
lumière de l'intelligence, la volonté prend conscience
d'elle-même dans l'homme de génie. Celui-ci aperçoit
la beauté des formes éternelles (les idées platoni-
ciennes) et comprend l'infélicité de la vie humaine,
en même temps qu'il entrevoit une sorte de libéra-
tion de cette vie bornée et misérable. Il crée l'art et
la morale. L'artiste nous prête ses yeux pour apercevoir le monde. La contemplation de l'œuvre d'art,
révélation de l'au-delà, communion avec l'infini, nous
procure une joie désintéressée, une paix céleste,
nous affranchit du désir égoïste. Les sentiments esthétiques nous rapprochent ainsi des sentiments moraux.

Schopenhauer fait de même du mysticisme le fondement de la morale qui repose sur le sentiment d'identité de tous les êtres. Avec Rousseau il magnifie la compassion qu'il concilie avec sa misanthropie, en ce sens qu'en dépit de la méchanceté des hommes nous devons nous apitoyer sur leur infortune.

La morale de la compassion n'est que le prélude de la morale du renoncement, qui seule conduit à la Rédemption. Dans le saint, dans l'ascète, la volonté finit par se nier elle-même. Le suicide n'est qu'une affirmation tenace de la volonté de vivre. L'homme qui se tue ne déteste que les maux de la vie, l'ascète reconnaît la vanité de ses joies. Il sait qu'une vie heureuse est impossible, que le plus haut sommet où l'homme puisse atteindre est une vie héroïque, une vie où l'homme remporte sur lui-même une victoire quotidienne.

Schopenhauer ne fut pas ce héros victorieux. Caractère inquiet, craintif, irritable, soupçonneux, méprisant au delà de ce qu'on peut imaginer, soucieux par-dessus tout de sa tranquillité, de son bien-être, de son indépendance, de sa petite fortune, brouillé avec sa mère et avec sa sœur pour des raisons d'intérêt, ami de la bonne chère, prenant des précautions contre toutes les maladies sans que cette crainte l'ait empêché, selon les vraisemblances, d'être enrôlé dans la grande confrérie des avariés, très porté vers le sexe, pratiquant la physique de l'amour avant d'en écrire la métaphysique, adepte convaincu de la polygamie, Schopenhauer, épicurien pessimiste, est exactement le **contraire d'un ascète.**

Il se tire de cette contradiction par la distinction
ingénieuse qu'il a soin d'établir entre le génie qui
enseigne l'ascétisme et le saint qui l'exerce. A défaut
de la morale du renoncement, voire de celle de la
compassion, Schopenhauer a surtout pratiqué la
morale de la prudence, qu'il nous exhorte si chaudement à utiliser dans ses *Aphorismes sur la sagesse
dans la vie*.

Chez ce philosophe romantique qui, par sa nature
d'artiste, ses traits morbides, ses bizarreries, ses
visions, semble un personnage échappé des contes
fantastiques d'Hoffmann, un écrivain socialiste,
M. Kautsky, découvre le type achevé du philistin
représentatif de la bourgeoisie allemande, de toutes
les bourgeoisies conservatrices. La démocratie est
égalitaire, républicaine, socialiste, adepte du progrès
sans fin, foncièrement optimiste, matérialiste, judaï-
sante, elle professe la haine du christianisme. Schopenhauer se rit de l'égalité, attendu que la nature
met plus de distance entre les hommes que n'en ont
jamais pu établir artificiellement les coutumes et les
institutions. Parce qu'il partage l'opinion de Hobbes et
de La Rochefoucauld sur la nature humaine, il incline
à la monarchie absolutiste. L'utopie du progrès lui
paraît une caricature du dogme de la vie future. Anti-
sémite forcené, il n'admet de la Bible que le péché ori-
ginel, et ne pardonne pas aux Hébreux leur optimisme
imperturbable, leur foi en une Providence terrestre.
Il a par-dessus tout l'horreur des révolutions, la terreur de l'anarchie, et ne peut assez se réjouir lorsqu'un officier autrichien, lors de l'émeute de 1849 à

Francfort, fait tirer de ses fenêtres sur la « canaille souveraine ». Il léguera sa fortune, si soigneusement épargnée, aux veuves et aux orphelins des soldats morts pour la défense de l'ordre.

Dans la philosophie évolutionniste de Hegel fermentait, en dépit de son auteur, un levain révolutionnaire. Celle de Schopenhauer est tout imprégnée du conservatisme réactionnaire de la Sainte-Alliance. Sa renommée qu'il attendait avec un orgueil si sûr de lui-même a commencé à se répandre en Allemagne après les déceptions de 1848; elle a gagné la France au lendemain de la guerre et de la Commune. Schopenhauer est le philosophe des lendemains de révolution.

Mais comment M. Kautsky explique-t-il que cette philosophie, d'après lui exclusivement réactionnaire, bourgeoise et philistine, ait exercé une si grande influence sur un Tolstoï et sur un Wagner? Nul ne saurait contester le souffle puissant, la sincérité extrême de l'apostolat qui l'anime. Si la pensée du philosophe ne s'harmonise pas toujours avec son caractère et avec sa vie, c'est que notre idéal est la plupart du temps notre lacune.

Schopenhauer a orienté la philosophie vers des voies nouvelles en attirant notre attention sur la vie affective et inconsciente. Il a, dans des pages incomparables, posé dans toute sa grandeur tragique le problème de la destinée humaine, au sein d'un monde dont la raison nous échappe. Son pessimisme fataliste est la contre-partie de l'optimisme pareillement fataliste du dix-huitième siècle, auquel la Ré-

volution et les guerres de l'Empire devaient donner
un démenti si cruel.

Pris à petites doses, le pessimisme est fortifiant
comme les amers ; mais on doit s'en tenir au mélio-
risme, à l'effort constant vers le mieux que Schopenhauer lui-même nous recommande lorsqu'il
atténue sa doctrine, et sans toutefois perdre le sentiment des échecs et des limites que comporte la
nature humaine.

CHAPITRE IV

LE PRAGMATISME CONTRE L'INTELLECTUALISME

LA PSYCHOLOGIE DE WILLIAM JAMES

De tous les ouvrages de William James, l'éminent penseur si souvent cité, nous ne possédions en France que la traduction de ses *Variétés d'expérience religieuse* (1) parue en 1902, un de ces livres qui font époque, comme le *Port-Royal* de Sainte-Beuve, pour l'intelligence profonde du sentiment religieux et de sa valeur *pragmatique*, c'est-à-dire de son action et de ses résultats.

L'édition populaire de sa *Psychologie* (1892), ouvrage considérable qui touche à tant de problèmes ardemment agités, et qui prépare et éclaire son œuvre postérieure, a été récemment traduite de la façon la plus exacte et la plus élégante par M. E. Baudin et M. G. Bertier.

Dans une excellente préface, M. E. Baudin expose

_____

(1) Paris, F. Alcan.

la méthode ou plutôt les méthodes de William James. L'ancienne psychologie spiritualiste séparait dans l'homme le physique et le moral : elle apercevait en lui des facultés distinctes et faisait de ces abstractions des sortes d'entités. Elle étudiait l'homme en général, pour le retrouver partout identique à lui-même. A l'inverse, la psycho-physiologie qui lui a succédé est fondée sur la liaison étroite de l'âme et du corps ; elle explique les faits de conscience par les phénomènes nerveux qui les conditionnent. Sans doute cette discipline n'a pas apporté les solutions espérées, ses ingénieux instruments se rouillent dans les laboratoires de psychologie. Elle nous laisse du moins entrevoir la profondeur du mystère biologique. Nous lui devons des résultats appréciables. James, dans la première partie de son livre qui traite des sensations, de la vue, de l'ouïe, du toucher, des fonctions du cerveau, des conditions générales de l'activité nerveuse, s'en est imprégné ; puis, à la suite de Locke, de Hume, des deux Mill, il jette un regard extérieur sur les résultats de l'activité mentale et ne méprise pas ces descriptions que les physiologistes abandonnent dédaigneusement à la littérature. Surtout, il remet en valeur et en honneur, avec M. Bergson, cette introspection qui paraissait si démodée. Il nous fait descendre dans ces cryptes de la vie intérieure, il se penche au bord du courant de cette *coulée* obscure de la conscience, *stream of consciousness*, si admirablement décrit par lui, ce qui rend à cette vie intérieure le mouvement, la couleur et la vie.

L'originalité de William James, c'est d'avoir ainsi non pas mélangé, à l'imitation des éclectiques, mais superposé trois méthodes indépendantes. A de vastes connaissances scientifiques, à une critique pénétrante, à un don d'observation qui a fait de lui le plus exquis des moralistes, d'une familiarité persuasive, d'une aisance, d'une noblesse incomparables, James joint une inspiration idéaliste. Sa science psychologique s'achève et se couronne par une philosophie de l'action. Autant que Nietzsche, mais dans un sens tout opposé à l'immoralisme, James, Américain du Nord, est épris, comme les hommes de sa race, d'énergie, de vie intense. Ceux-là sont maîtres et seigneurs de la vie qui aiment à courir les risques, qui ont le goût des expériences dangereuses. Avant de devenir l'apôtre du *pragmatisme*, James a été le psychologue de l'effort, l'éducateur de la volonté.

William James analyse notre *Moi ;* il distingue un *moi* physique, un *moi* social, un *moi* spirituel, une hiérarchie, un conflit de ces différents *moi*, mobiles sous l'uniformité apparente, que les circonstances et les habitudes individuelles et professionnelles parviennent à modeler. Il met en relief l'importance considérable de l'habitude, après l'avoir rattachée à ses éléments nerveux. Le grand point est de faire de ses nerfs des alliés et non des ennemis, de rendre automatiques en nous, le plus tôt possible, le plus grand nombre d'actions utiles, de se jeter d'emblée à l'eau, pour une initiative énergique et irrévocable. « Ne souffrez jamais une exception, tant qu'une habitude nouvelle n'est pas sûrement enracinée dans

votre vie ; une bataille perdue annule cent vic-
toires. »

Aux yeux de W. James il n'est pas de caractère
plus méprisable que le contemplatif sentimental,
du type de Jean-Jacques Rousseau, dont la vie est
un flux et un reflux d'émotions qui n'aboutissent
jamais à une action concrète et virile. Sans doute,
en ce bas monde, tout idéal, quand on cherche à le
réaliser, s'enveloppe de détails déplaisants, se masque
de vulgarité. Mais malheur à celui qui ne peut le
reconnaître qu'à l'état pur et abstrait. Romans,
théâtre, musique nous saturent d'émotions inertes et
stériles. William James se désole quand il voit se
perdre, s'évaporer cette force motrice de l'émotion.
Il voudrait, par exemple, qu'au sortir d'un concert,
le charme de la musique agisse en nous, et se prolonge en quelque acte de courtoisie et de bonne
grâce, comme de céder à une dame une place dans
la voiture, ou de dire en rentrant quelques mots aimables à madame notre grand'mère.

Afin de maintenir vivante en nous cette faculté de
l'effort, James nous engage à nous soumettre chaque
jour, ou ne fût-ce que tous les deux jours, à un exercice salutaire qui consiste à accomplir un acte impli-
quant quelque parcelle infinitésimale d'ascétisme ou
d'héroïsme, et que, pour cette raison, nous préfére-
rions ne pas faire. Cette habitude est une sorte de
prime d'assurance contre les heures d'angoisse et de
défaite ; les jours sombres ne nous trouveront pas
sans énergie, sans préparation, quand nous aurons
fortifié en nous les habitudes d'attention concentrée,

de vouloir énergique et de renoncement dans les petites choses.

L'attention joue le souverain rôle dans la psychologie et la morale de W. James. Sans attention, aucun esprit ne peut se développer sainement. Qu'elle soit un don gratuit ou une création de la volonté, l'attention fait les maîtres dans tous les genres. On n'arrive à « se posséder » qu'à condition de dompter le vagabondage de l'esprit. Développer cette faculté est l'idéal par excellence de l'éducation. Il est toutefois plus aisé de la définir que de la réaliser.

Le lien le plus étroit rattache l'attention à la volonté ou plutôt, d'après W. James, effort, attention, volonté ne font qu'exprimer le même fait psychique.

De sa nature tout état de conscience, émotion, idée, est impulsif, pourvu qu'il se présente avec une intensité suffisante ou qu'il ne soit pas tenu en échec par un état contraire. Il y a des volontés précipitées, *explosives,* où l'action suit trop vite l'excitation de l'idée, et ne laisse pas aux idées associées le temps d'apparaître et de jouer le rôle de frein. Tels sont les tempéraments mousquetaires, vif-argent, loquaces, débordants de vie. Tout à l'opposé, les volontés *rentrées*, flegmatiques, laissent la réflexion, le souci des conséquences, les scrupules, ralentir, paralyser ou anémier toute initiative. Ces deux sortes de caractères ont leurs bons et leurs mauvais côtés. D'autre part, les volontés *obstruées* discernent clairement la voie droite, mais ne peuvent suivre la raison : *video meliora…* La santé de la volonté requiert à la fois une perception nette du parti à prendre et l'obéissance de l'acte à cette perception.

W. James combat, comme trop étroite, la thèse qui ramène tous nos actes à un simple mécanisme d'attraction et de répulsion, de plaisir et de peine. Douleur ou plaisir demeurent étrangers à une foule d'actes coutumiers, automatiques, obsédants, etc. Il faut chercher aussi l'efficacité impulsive d'une idée, d'une croyance, dans l'*intérêt* qu'elle éveille en nous, dans l'aptitude qu'elle possède à conquérir, à monopoliser l'attention. Dès lors, le problème de la volonté se réduit à ceci : « Comment assurer à une représentation quelconque une prépondérance établie dans la conscience? La difficulté qu'éprouve l'homme affolé par la passion à écouter la voix de la raison n'est pas d'ordre physique. Physiquement il est aussi aisé d'éviter une rixe que de s'y livrer. Ce qu'il s'agit d'obtenir, c'est que, par un effort d'attention volontaire, l'idée d'action sage et prudente s'installe dans la conscience et s'y fasse entendre lorsque celle-ci crie : « Halte-là ! calme-toi ! ». L'homme de volonté forte est celui qui entend sans se détourner cette voix de la raison, lorsqu'elle pose sa main froide sur son cœur palpitant. L'idée produit ses effets moteurs ou elle joue le rôle de frein dès qu'elle est la maîtresse incontestée du champ mental. Après l'y avoir installée, le difficile est de l'y maintenir.

Sommes-nous libres de le faire? Pour William James cette éternelle question du libre arbitre est extrêmement simple à poser sinon à résoudre. Elle se ramène à ceci : « Quelle est la somme d'effort

attentif que nous pouvons exercer à un moment
donné, afin de retenir dans notre esprit une idée
qui, sans cela, s'échapperait, et de l'y rendre pré-
pondérante? » Il ne dépend pas de notre attention,
de notre volonté qu'une idée pénètre dans notre
esprit ; mais une infinité d'idées doivent à l'attention volontaire d'y séjourner, de s'y enraciner,
qui, sans son secours, s'évanouiraient, disparaîtraient
rapidement. L'attention nous apparaît ainsi comme
une « variable indépendante » évoluant entre des
données fixes, qui sont, dans chaque cas, nos motifs,
notre caractère. Elle exige un effort. Est-il possible
de *doser* cet effort? Peu importe sa durée : ne fût-
elle que d'une seconde, cette seconde peut être critique. Dans le flux et reflux incertain des pensées,
deux systèmes peuvent se faire équilibre et une seconde d'attention décider lequel sera assez fort pour
chasser l'autre. Un rien, en plus ou en moins, déter-
minera la victoire ou la défaite des idées en lutte.
Tout est donc suspendu à ce *dosage* de l'attention.
Ce qui donne à la vie cette saveur étrange, c'est
qu'elle nous offre sans cesse le spectacle tragique de
la volonté aux prises avec le déterminisme des choses.
Le petit phénomène de l'effort aurait-il donc le
privilège de tenir en échec ce déterminisme universel et de pouvoir en modifier le cours? A cette question suprême, la psychologie, W. James en convient,
donne une réponse négative, car elle est fondée
comme toute science sur la méthode de détermination et elle doit faire abstraction du libre arbitre,
même s'il existe.

Le problème de la liberté est du ressort de la métaphysique. C'est à la philosophie qu'il appartient de nous dire s'il y a des vraisemblances à croire que nous ne sommes pas dupes d'une illusion, quand nous jugeons que notre effort aurait pu être plus grand ou moindre à un moment donné, quand nous considérons l'effort comme le seul apport inemprunté et personnel, par quoi nous contribuons à améliorer, à enrichir le monde où nous vivons.

W. James a critiqué dès le début le *monisme*, cette philosophie de l'unité fondamentale des forces matérielles et spirituelles, du déterminisme universel et absolu, où le libre arbitre n'a point de place, et qui ne nous laisse percevoir que le sourd grincement d'une chaîne se déroulant de toute éternité. James croit qu'il y a dans l'univers des forces qui ne s'harmonisent pas avec l'ensemble, des forces distinctes, concurrentes, vibrantes d'antagonisme. Il ne s'en tient pas à l'ancien dualisme de l'esprit et de la matière. Il prétend établir la pluralité, la multiplicité de ces forces ; et cette théorie est appelée selon lui à trouver toujours plus de faveur et d'appui dans la science même. Les conclusions de sa psychologie forment le point de départ de son livre tout récent, *l'Univers pluralistique*, où nous retrouverons l'originalité et la profondeur qui caractérisent l'œuvre entière de William James (1).

(1) Dans cet exposé très succinct, nous avons dû nous borner à exposer les idées de W. James, sans y joindre aucune critique. Nous recommandons, à ce dernier point de vue, l'étude substantielle de M. Marillier dans la *Revue phi-*

LA PHILOSOPHIE DE WILLIAM JAMES : LE PLURALISME

Après la *Psychologie* de William James, nous avons eu sous les yeux son livre le plus récent, *l'Univers pluralistique* (1), suite de lectures faites à Manchester College sur la situation présente en philosophie. Ces essais ont eu, en Angleterre et en Amérique, un retentissement considérable qui ne s'explique pas seulement par le charme si familier et si élevé, si sympathique et si original de l'éminent penseur : ils se rattachent étroitement à l'ensemble de son œuvre.

W. James, avons-nous dit, est le psychologue de l'effort, de l'attention, de la volonté ; il pose d'une façon nouvelle le problème du libre arbitre et croit l'homme maître en une certaine mesure de son activité. Ses *Variétés d'expérience religieuse* lui ont permis de recueillir, à travers toutes les confessions, les effets héroïques de l'enthousiasme susceptible d'adoucir le cœur de l'homme et les conditions de la vie humaine. Cette constatation l'a conduit au *Pragmatisme* et à l'*Humanisme*, à une conception nouvelle de la vérité, cherchée non dans la logique des idées, mais dans les résultats pratiques d'une vérité non plus antérieure et supérieure, mais tou-

losophique de M. Ribot (1892-1893), et, dans la même revue (août 1909), l'article de M. Sollier : « Le contre-volontarisme », où est examinée et contredite la thèse de W. James sur l'attention et l'effort.

(1) *A Pluralistic Univers*, 1909.

jours soumise à une vérification, à une revision de fait. Dans son dernier livre, il s'élève à une conception d'ensemble du monde et de la vie. A quelle conclusion métaphysique l'expérience conduit-elle ? Et cette conclusion de l'expérience est-elle en harmonie avec celle que les philosophes nous proposent au nom de la logique et de la raison ? Question brûlante à l'heure actuelle, alors que le besoin métaphysique se confond avec le besoin religieux et que les autorités et les dogmes traditionnels sont partout ébranlés et menacent de s'écrouler.

Remarquons d'abord avec James que toute philosophie a pour point de départ une expérience, une vision personnelles. Quand ils essayent d'expliquer le monde, d'en donner une vue à vol d'oiseau, les philosophes se servent des fragments qu'ils ont à leur disposition, qui ont attiré leur attention, qui répondent à leur tournure d'esprit. Ont-ils le goût de la mécanique, ils verront le monde sous l'aspect d'une vaste horloge soumise au mouvement perpétuel. Sont-ils amateurs d'horticulture, le monde croît et évolue sous leurs regards à la façon des plantes qu'ils cultivent. Ceux-ci sont frappés du désordre et des hasards, ceux-là de la régularité et de l'ordre. Les uns n'aperçoivent de la vie que les côtés bas, les autres, que les aspects nobles. Tous invoquent la raison, alors que l'origine de leurs raisonnements n'est autre que l'accident de leur tempérament personnel : tel est le cas de Carlyle, de Schopenhauer, de Spencer, de Nietzsche. Les philosophes primesautiers fondent des sectes et des écoles, les-

quelles adoptent un certain jargon, sentent la bou-
tique et le moisi et se font une guerre acharnée.

La lutte était naguère entre les dualistes et les
monistes (1). Les dualistes séparent Dieu et le
monde, le Créateur et la création. Dieu nous gouverne à la façon d'un monarque de droit divin, d'un
magistrat plein de justice : nous sommes tenus
d'obéir à ses commandements. Mais l'évolution de
la science, la marée montante de l'idéal social-démo-
crate, ébranlent le principe d'autorité dans le ciel
comme sur la terre, et prétendent reléguer le dualisme spiritualiste au musée des antiques. Deux
systèmes restent en présence, le *monisme* et le *plu-*
ralisme.

Épris d'unité, les monistes ou panthéistes ramènent toute la diversité, l'opposition des phénomènes
à une substance unique, éternelle, absolue, à un
Dieu non plus extérieur au monde, mais intérieur et
immanent, qui fait corps avec lui. Ils ne sont pas
d'accord sur la nature de ce Dieu. Les cyniques
l'appellent matière, éther ; les idéalistes, Esprit,
Idée. W. James laisse de côté le monisme cynique,
tout en reconnaissant que les cyniques ne le sont
pas de gaieté de cœur. Il n'entretient son jeune au-
ditoire que du monisme idéaliste, rajeuni par Hegel ; -
il règne encore aujourd'hui à Oxford avec Green et
Bradley. W. James entreprend de démolir, de ré-
duire à l'absurde cette philosophie d'exportation

(1) En Allemagne, le conflit de la *Ligue des monistes*, com-
mandée par M. Hæckel, et la Ligue des dualistes, le *Kepler-*
bund, a pris une acuité nouvelle.

made in Germany et propose chaudement un retour à l'empirisme de la vraie philosophie anglaise qui justifie, d'après lui, l'hypothèse pluraliste.

La logique aussi bien que l'expérience condamnent, d'après James, ce système monistique de l'Univers considéré comme le plus monstrueux des Blocs, un Bloc en dehors duquel il n'y a rien, qui roule éternellement sans pouvoir ni se détourner, ni s'arrêter, ni se redresser, et d'où toute liberté, toute initiative sont nécessairement bannies.

En tant qu'absolu, éternel, nous disent les monistes, ce bloc est parfait. Sa contemplation inspirait à Spinoza une certaine paix, un froid confort. Mais qu'il nous est difficile de sympathiser, à son exemple, avec cet Absolu, avec sa perfection morne, stagnante, immuable, puisqu'il est hors du temps ! L'Absolu m'émeut aussi peu que je l'émeus. Amour, haine, désirs, aspirations, succès, défaites, lui sont étrangers. Nulle part il ne nous est révélé par l'expérience, et l'esprit qui cherche à le concevoir se heurte à des contradictions insolubles.

Comment, en effet, le Tout pourrait-il être parfait quand les parties nous apparaissent comme le contraire de la perfection? Dans le monisme, remarquait Bayle, Dieu se trouve associé à tous les crimes, à toutes les erreurs, à toutes les saletés, à toutes les bêtises qui déshonorent l'espèce humaine : nous sommes hors d'état de comprendre pourquoi la perfection absolue exige ces formes hideuses de la vie. Lorsque Hegel prétend nous expliquer sa fameuse identité des contradictoires, il se livre à un tour de passe-passe. Tout, d'après lui, finit par se concilier en une synthèse supérieure : le mal des armements assure les bienfaits de la paix, la contrainte des lois garantit notre liberté de citoyens, en un mot tout s'arrange. C'est se moquer. Ce monisme à la mode n'est qu'une construction artificielle, un simple chateau de cartes.

Au lieu d'une belle unité classique, si nous nous en tenons à l'observation de chaque jour, nous n'apercevons qu'un monde enchevêtré de formes particulières, de réalités distinctes, séparées, multiples, une collection de faits plus ou moins liés et continus, mais sans aucune identité. Ce monde pluraliste ressemble à une République fédérative (sur le modèle des États-Unis) où des libertés s'exercent, où des initiatives font surgir des commencements, causent des fins. Ce monde pluraliste rempli de vicissitudes auxquelles nous participons, qui a un passé, une histoire, un avenir pour lequel nous luttons, excite en nous, au rebours du monisme, un intérêt prodigieux.

Dieu lui-même, dans l'hypothèse pluraliste, n'est qu'une forme particulière de la vie. Il n'a rien de commun avec l'Absolu. Ni l'infinité, ni l'omnipotence ne sont ses attributs : il échappe par là aux difficultés insurmontables que suscite aux monistes l'existence du mal.

Remarquez tout d'abord que le peuple est d'instinct polythéiste, c'est-à-dire pluraliste. Le Dieu du christianisme populaire, assisté des anges et des saints, est limité par le diable. De même le Dieu de

David et d'Isaïe est un Dieu fini dans le cosmos indéfini, il a des habitudes locales, des attachements particuliers pour son peuple élu. Si nous admettons que l'Absolu n'existe pas, il n'en résulte nullement que le Dieu de la Bible, le Dieu de l'Évangile ne puissent exister. Gardons-nous de confondre un Dieu fini et son rival, son compétiteur, son ennemi, l'Absolu.

Dans la vie religieuse de l'homme ordinaire, Dieu ne représente pas l'ensemble si mêlé des choses (le ciel nous en préserve !). Il est la constatation d'une tendance idéale dans la réalité, l'intuition d'une conscience surhumaine qui nous appelle à collaborer à ses buts et qui favorise les nôtres quand ils le méritent. Mais ce Dieu dont les enthousiastes sentent la présence, le divin compagnonnage, ce Dieu qui les arme si puissamment contre les maux de la vie et pour le bien de leurs semblables, ce Dieu n'est pas sans limites. John Mill a raison de dire qu'il faut abandonner l'idée d'omnipotence, si Dieu doit être l'objet d'un culte religieux. Au cas où l'Absolu existerait, Dieu n'en pourrait être que la partie sublime. Mais laissons l'Absolu enterrer l'Absolu.

Cette intuition mystique d'une assistance supérieure, d'un Dieu sensible au cœur, si fréquente chez les réformateurs religieux, est traitée d'illusion pathétique par les rationalistes, les logiciens intellectualistes. Que vaut l'intellectualisme et le rationalisme pour la connaissance de la réalité ? C'est ce qu'examine M. William James dans les pages de son livre consacrées à M. Bergson.

M. William James professe la plus haute admiration pour M. Bergson, sa culture scientifique, les incomparables moyens d'expression dont il dispose, sa langue si colorée, si vivante, si souple, qui moule la pensée comme un drap mouillé posé sur un beau corps de femme. Il vante la souveraine indépendance de sa pensée, affranchie de la race, du moment, du milieu, du Spinozisme hébraïque et de la tradition universitaire contre laquelle il réagit. W. James ne traite ici que de la méthode de M. Bergson (1), à laquelle il apporte une adhésion exaltée.

L'essentiel, avant de philosopher, consiste à éprouver l'instrument même de la connaissance, à mesurer la portée de l'esprit à la poursuite de la vérité. La gloire de Kant fut de satisfaire le premier à cette exigence, de prouver l'incapacité pour la raison humaine d'atteindre la réalité en soi ; Kant circonscrit à tout jamais l'esprit humain dans le cercle de fer du relatif. Dépassant Kant, M. Bergson vient à son tour resserrer le cercle, dénier à l'intelligence pure la possibilité de se rendre pleinement compte du relatif.

L'intelligence constitue assurément le privilège le plus précieux, la vraie supériorité de l'homme. Les conceptions abstraites qu'il tire du flux de sa propre expérience lui ont permis de créer les sciences physiques ; mais ces conceptions sont insuffisantes en biologie, parce que l'intellectualisme n'est apte à

---

(1) Voir sur la philosophie de M. Bergson le feuilleton de M. Chaumeix, dans *les Débats* du 14 mai 1908.

nous procurer que des connaissances fixes et mortes, il ne peut étreindre la vie même dans ses profondeurs mouvantes et obscures. L'intelligence jette ses filets dans le torrent vital, mais l'eau passe à travers les mailles et le poisson meurt sur le rivage; ainsi la fleur coupée se dessèche dans l'herbier; ainsi un muséum d'histoire naturelle ne nous offre que des squelettes. Voulez-vous connaître un pays, les cartes de géographie, les guides, les descriptions, les photographies ne vaudront jamais les sensations vives du voyageur. L'intelligence saisit le passé mort, non le devenir réel. « Nous vivons en avant, nous concevons en arrière. » C'est en nous précipitant dans le courant vital, en vivant nos idées ; c'est par l'intuition, le sentiment, la sympathie, l'enthousiasme que nous arrivons à conquérir la réalité. Bergson dissipe le mirage platonicien d'après lequel les choses ne sont que le pâle reflet des idées. Il conteste à la logique le droit de gouverner l'esprit, la vie intérieure ; il méprise son *veto*, il se refuse à reconnaître que la raison soit la mesure adéquate de ce qui peut ou ne peut pas être.

Ainsi donc la logique rationaliste ne saurait prévaloir contre l'expérience intime. Tous les raisonnements du monde ne sauraient avoir raison contre les faits recueillis dans les biographies religieuses. Des superstitions s'y mêlent et s'y mêleront toujours, de même que l'argile ou le sable à l'or pur. W. James est persuadé que les recherches de Myers sur le moi subliminal ont une valeur scientifique, ouvrent des horizons nouveaux, prouvent que les con-

sciences humaines s'enveloppent, et contiennent les
éléments d'une conscience plus haute, ce qui est
aussi la thèse de Fechner. Il ne faut pas traiter
d'illusion une foi créatrice de réalités, susceptible
d'améliorer un monde qui n'est ni fatalement conduit vers le progrès et la perfection, comme le veulent les optimistes, ni nécessairement voué au naufrage, comme le prétendent les pessimistes. Les
vieilles colonnes de l'autorité et de la théologie scolastique menacent ruine : l'empirisme reste pour la
religion une base inébranlable.

Ainsi s'achève cette philosophie de W. James, à
la fois agnostique, expérimentale, positiviste et idéaliste dans le sens mélioriste, philosophie de sou-
plesse et d'esprit de finesse, en opposition aux formules vides et surannées du rationalisme abstrait et
de l'idéalisme théorique, philosophie de l'action, du
plein air, de la libre initiative marquée à l'empreinte
du caractère yankee (1).

W. James croit à l'avenir de l'hypothèse pluraliste dans la religion comme dans la science. M. J.-H.
Rosny aîné vient d'abandonner son pseudonyme
pour publier sous son nom vrai, Boex-Borel, un
livre exclusivement scientifique sur le pluralisme
considéré comme l'expression de la discontinuité et
de l'hétérogénéité des phénomènes (2) : « Il y a un
demi-siècle, écrit M. H. Poincaré, on déclarait que
la nature aime la simplicité ; elle nous a depuis

(1) Voir *les Américains*, par BUTLER, préface de M. Boutroux, 1909.
(2) Paris, F. Alcan, 1909.

donné trop de démentis. » Nous assistons à la faillite
du monisme. Il ne faut plus parler de l'*Univers*, qui
n'a rien d'unique. Vive le *Plurivers* ou le *Multivers !*

UN DERNIER MOT SUR LE PRAGMATISME

William James est mort en août 1910. On a parlé
comme il convenait de cet écrivain original, de cet
esprit rare, auquel le *Pragmatisme* et le *Modernisme* qui s'y rattachent doivent leur fortune. Si nous
revenons sur ce sujet, ce n'est pas que les amis du
philosophe américain aient reçu un de ces messages
que James, associé de son vivant à la Société de psychologie qui poursuit une enquête sur les communi-
cations possibles entre les ombres des morts et les
vivants, avait promis d'expédier de l'autre rive. Il ne
faudrait pas croire cependant que le pragmatisme
soit enterré avec William James. Il existait avant
lui et il lui survivra : il est à vrai dire éternel.

C'est ce que nous explique M. Albert Schinz dans
un livre intitulé : *Antipragmatisme, examen des
droits respectifs de l'aristocratie intellectuelle et de
la démocratie sociale* (1), dont l'âpre polémique attrista
W. James. Suisse d'origine, M. Schinz professe la
philosophie à l'Université de Bryn Mawr, en Pensylvanie ; citoyen de deux Républiques où s'épanouit
la démocratie, M. Schinz en professe l'horreur profonde. Il prend soin de nous en avertir dès l'abord

(1) Paris, F. Alcan.

par les épigraphes de ses chapitres, empruntés à
Horace, à Voltaire, à Renan : *Odi profanum vulgus
et arceo. Quand la populace se mêle de raisonner,
tout est perdu. La civilisation a été de tout temps
une œuvre aristocratique, maintenue par le petit
nombre.* Le grief de M. Schinz contre la démocratie,
c'est qu'elle tend à étouffer l'élite. La démocratie va
à l'encontre de la nature. Elle menace la liberté philosophique et par là elle tend à se décapiter elle-
même. Le crime inexpiable du pragmatisme, aux
yeux de M. Schinz, c'est d'être une philosophie *populaire*, ou plutôt une méthode qui apprend à mé-
priser la philosophie, qui adopte ou rejette une opinion, suivant ses conséquences pratiques, individuelles ou sociales, qui confond la vérité et l'utilité.
Si William James a mis toute la séduction de son
talent, sa haute culture scientifique, sa psychologie
profonde au service d'une sophistique dégradante,
d'une doctrine qui ne se soutient pas, sans qu'on
puisse toutefois douter de sa sincérité, de sa bonne
foi, c'est que son œuvre est l'expression du tempérament national, le reflet de l'esprit yankee. Un peuple
ne choisit pas sa conception de la vie. Elle lui est
imposée par son caractère et par les circonstances.

Le climat de l'Amérique du Nord est rude et
inégal, la richesse du sol est extrême. Mais pour la
conquérir, il faut déployer une énergie, une activité
formidables. La pensée de l'homme est donc tournée exclusivement vers l'action.

Pour M. Schinz, les vrais créateurs de la civilisation américaine ne sont pas les Washington, les

Lincoln, les Roosevelt, mais bien les Vanderbilt, les Gould, les Carnegie, les Pierpont Morgan, voire même les Tweed et les Crooker. Du dernier venu de ces colosses, de ces grands capitaines de bourse et d'industrie, Harriman, le Napoléon des chemins de fer, on disait qu'il était *efficiency mad, ivre de résultats,* ou *en proie au délire de l'action efficace.* Aux États-Unis, le travail improductif est considéré comme immoral. L'intelligence est toute orientée vers les idées qui rapportent, sinon on se la représente comme un moulin qui tourne à vide. La question : *Que faut-il penser ?* se confond chez les Américains avec celle-ci : *Que faut-il faire ?* Ils professent le mépris de la vie contemplative, de la vie esthétique.

Allez donc dire à des gens ainsi constitués que de l'utilité d'une idée on se saurait conclure à sa vérité objective ! Leur empirisme identifie la théorie et la pratique. Des caractères qui ne doutent de rien ne conçoivent que des vérités malléables. La théorie est un instrument d'action, non la réponse à une énigme. Le vrai, c'est l'opportun dans notre pensée, comme le juste est l'opportun dans notre conduite.

L'esprit américain se tient à égale distance de l'optimisme et du pessimisme, doctrines fatalistes et par conséquent inertes. Il croit à la possibilité de changer, brasser, améliorer, à travers les difficultés et les échecs, un monde qu'il se figure irrationnel, pluralistique, non soumis à des lois immuables.

La philosophie de James reflète exactement cette conception du monde et de la vie, elle prétend la

justifier. Elle n'a pas à combattre des traditions philosophiques contraires, comme c'est le cas des prag-
matiques anglais, elle n'a pas non plus à compter
avec l'opposition de classes intellectuelles. Au bout
de deux ou trois générations les Américains cessent
de se reproduire. Les professions libérales sont si peu
rémunérées que les professeurs d'Université ne se
marient guère, ou, s'ils se marient, ils procréent peu
d'enfants. L'Union américaine se dépeuplerait vite,
si le flot des immigrants ne lui apportait sans cesse
de fraîches et frustes recrues. James s'adresse donc
à un public de convaincus, sans se soucier des vieux
philosophes paralytiques, des Kant et des Hegel. Il
parle avec la belle assurance des fils d'un peuple
jeune et fort qui ne doute de rien, qui n'éprouve la
joie de vivre que dans le plaisir des risques.

Ce n'est là qu'un des aspects du pragmatisme.
Exalter l'énergie, l'initiative, c'est parfait; mais il
faut songer aux conséquences. La vie ainsi conçue
comme une course effrénée au succès a pour condition une concurrence impitoyable, où l'homme
devient un loup pour l'homme. Si l'on prend la réus-
site comme critérium du vrai et du bien, on aboutit
à la morale de Machiavel : la fin justifie les moyens.
C'est bien ainsi que les Italiens, les Papini, les Prez-
zolini interprètent le pragmatisme. L'individualisme
américain nous offre aussi ce spectacle de l'indifférence à l'honnêteté politique, à la probité commer-
ciale, au lien du mariage et de la famille, du développement de l'égoïsme et de la frivolité. Générali-
sées, ces mœurs conduiraient à la désagrégation

sociale : les Américains possèdent un sens trop ai-
guisé de la réalité pour ne pas s'en rendre compte.
Étant donnée la nature humaine, afin d'éviter l'anarchie et les entraves qu'elle mettrait à l'activité de
chacun, il importe que l'homme se sente responsable
de ses actions, que son activité soit réglée, disci-
plinée par un frein moral, qui ne peut être qu'un
frein religieux. La morale philosophique n'y saurait
suffire.

La voix de la conscience n'est qu'un fantôme, si
elle n'est pas la voix de Dieu. Aussi les religions
sont-elles profondément respectées des Américains.
La difficulté des dogmes n'existe pas pour eux ; ils
écartent les dogmes mystiques et n'attachent de prix
qu'aux dogmes efficaces de l'immortalité, du jugement, des récompenses et de l'expiation. La critique
de la Bible ne les touche pas. Ils se rangent autour
du livre sacré comme les soldats autour du drapeau
qui éveille peut-être dans les têtes les idées les plus
diverses, mais qui sert de signe de ralliement et de
victoire.

La crise financière de 1907 à 1908, telle que l'a
observée M. Schinz, illustre à merveille cette façon
de sentir et de comprendre la religion.

Il nous souvient d'avoir lu jadis dans les journaux
l'aventure d'un bateau transatlantique dont l'arbre
de couche s'était brisé. Le navire flottait à la dérive,
à la merci d'un coup de mer. Menacés d'un naufrage
imminent, les passagers dansaient dans la journée
pour se distraire, mais tous, sans exception, s'age-
nouillaient matin et soir, tandis qu'un pasteur ré-

citait la prière. Des villes d'Amérique présentaient,
durant la crise, un aspect analogue. Un journal
exclusivement financier de Wall Street attribuait
la baisse des valeurs au déclin des croyances religieuses. Il disait qu'un homme d'affaires préfére-
rait toujours entrer en transactions avec des gens
qui croient à la vie future. Une dame agent de
change, Mrs Gailord, priait le matin, dans ses
bureaux, au milieu des employés et, de concert avec
les grands banquiers ses voisins, elle se propo-
sait d'édifier une chapelle en face de la Bourse, du
temple de Mammon, où un chapelain prodiguerait
ses consolations religieuses aux femmes victimes de
leurs folles spéculations. M. Schinz a relevé aux
environs de Wall Street cette inscription : *Quick service for business men*, prêche rapide à l'usage des
hommes d'affaires, qui rappelle le *Quick luncheon*, à
la porte des bars de ce même quartier des banques.
Durant les paniques financières de 1906, 1907 et 1908,
une fièvre religieuse se manifesta par une campagne
de *revivals* à New-York, à Philadelphie, où des
milliers de meetings attiraient des auditeurs par
centaine de mille, souvent tête nue, sous l'ardeur du
soleil. Les jours de Wesley semblaient revenus.

Ce n'était ni le fanatisme, ni le mysticisme qui
enflammait le zèle de ces prédicants improvisés ; ils
avaient l'intuition de la conservation sociale. Parmi
tous les sentiments qui peuvent expliquer les manifestations du sentiment religieux, le besoin de consolation, de perfection, l'aspiration au bonheur, cet utilitarisme peut sembler le plus vulgaire. Le rabaisser

serait injuste. On ne saurait s'entendre dans le sens
où les incroyants disent avec dédain : « Il faut une
religion pour le peuple », où Voltaire écrivait :
« Nous avons affaire à force fripons qui ont fort peu
réfléchi, à une foule de petites gens brutaux et ivrognes, voleurs. Prêchez-leur, si vous voulez, qu'il n'y
a pas d'enfer et que l'âme est mortelle. Pour moi,
je leur crierai dans les oreilles qu'ils sont damnés
s'ils me volent. » Singulière façon de moraliser qui
consiste à vouloir prêcher aux autres, par une sorte
d'escroquerie, ce qu'on ne croit pas soi-même ! Les
Américains envisagent la religion librement consentie comme la sauvegarde de la nation. Elle est
pour eux ce que le judaïsme est pour le peuple
d'Israël, le catholicisme pour les Polonais, le puri-
tanisme pour les Anglo-Saxons. M. Schinz constate
que telle est aussi la pensée des grands observateurs
sociaux qu'il range parmi les plus élevés dans l'aristocratie intellectuelle. Il cite la préface de *la Comédie
humaine* de Balzac, la page de Taine sur le christianisme, sur le retour à la barbarie qui infailliblement
en marquerait le déclin. Rappelons encore les pro-
jets de réforme dans l'éducation populaire que Renan
esquissait au lendemain de la Commune.

De même aux États-Unis, à l'heure présente, des
gens de haute intelligence, des magistrats intègres
ne voient pas sans terreur les idées de responsabilité,
de conscience morale, avec leurs postulats religieux,
se dissiper au vent de la critique moderne mala-
droitement mise à la portée des masses. William
James a été pénétré de ce sentiment. Pour lui le

pragmatisme a pour but de satisfaire à la fois les
dispositions empiriques des hommes et leurs dispositions religieuses, leur besoin d'action et le besoin
de savoir leurs actions contrôlées par une puissance
supérieure. Dans son admirable livre *Variétés d'expérience religieuse*, William James nous révèle la
merveilleuse efficacité de la foi sur la conduite humaine, la puissance d'action invincible qu'elle con-
fère aux hommes de tous les temps et de tous les
cultes qui ont été possédés de la fièvre religieuse.

L'amer reproche que M. Schinz adresse à William
James c'est de nous donner cette apologétique nouvelle, destinée, comme jadis la scolastique, à assurer
à la religion le respect du peuple, comme une philosophie destinée à supplanter toutes les autres, et d'al-
térer ainsi la notion de vérité. Il nous reste à examiner jusqu'à quel point cette critique est justifiée.

*
* *

William James, ainsi que nous le montre M. Chaumeix dans une brillante étude (1), a rendu d'éminents services à la philosophie : sa verve s'est exer-
cée contre l'inanité d'un intellectualisme superficiel,
l'insuffisance des solutions verbales et logiques, des
raisons *a priori*, des principes fixes, des systèmes

(1) *Revue des Deux Mondes*, du 15 octobre 1910.

fermés quii prétendent à l'absolu. Mais il a donné à *l'expérience*, à la *vérité*, un caractère individuel, subjectif, valable seulement pour les esprits particuliers, qui prête à confusion. Pour M. Schinz, le pragmatisme usurpe le titre si noble de philosophie ; il n'est qu'un mouvement protestant qui se dissimule sous un masque philosophique. James est un homme de haute science en même temps qu'une âme religieuse ; de là les contradictions que M. Schinz démêle à travers son œuvre. James n'est pas un philosophe en quête de la vérité, comme Descartes : il la possède dans son for intérieur et il dirige sa recherche apparente, ses expériences, les yeux fixés sur cette vérité. Il découvre et il éprouve ce qu'il désire découvrir et éprouver. Le vrai, c'est, à ses yeux, ce qui satisfait ses instincts profonds d'action et d'utilité sociale. Rien n'est plus conforme au caractère américain. Mais il ne faut pas confondre la genèse psychologique des idées et leur valeur objective.

La science seule, M. Schinz le reconnaît, présente le caractère d'objectivité, d'impersonnalité. Il n'y a pas de philosophie purement objective : aucune n'établit une certitude ayant la même valeur pour tout être pensant ; toutes se contredisent. Chaque philosophie sincère est donc l'expression d'un tempérament individuel. Prenez la philosophie la plus impersonnelle d'apparence, celle de Spinoza, écrite sous forme de déductions géométriques ; il semble que l'univers se reflète dans le miroir d'une pure et calme intelligence. Et pourtant M. Brochard a découvert d'étroites affinités entre le panthéisme spinoziste et le monothéisme juif. Spinoza n'a fait qu'incorporer Jahvé à l'univers. L'homme est toujours pragmatique dans sa pensée. Le pragmatisme est la base d'entente de toutes les philosophies. Du moins M. Schinz veut-il que l'on distingue entre les philosophies intellectuelles, comme celles de Spinoza, aristocratiques, parce qu'elles sont désintéressées, et des philosophies qui subordonnent la vérité au sentiment et au souci des conséquences qu'elles peuvent entraîner pour la foule.

A vrai dire, peu de philosophies, même intellectualistes, se montrent absolument indifférentes aux résultats de leurs doctrines et par là elles se rapprochent encore du pragmatisme. Descartes qui a rendu de si grands services à la liberté des recherches scientifiques en détruisant la scolastique, ce pragmatisme du moyen âge, cette philosophie théologique qui soutenait l'Église dans sa tâche sociale, Descartes a été préoccupé en même temps de ne pas ruiner, par le rationalisme, la morale religieuse. Pragmatiste négatif, il n'applique pas sa méthode aux problèmes pratiques. En dépit de ces précautions, Pascal signale le danger, pour la foi, du rationalisme cartésien. Sur les ruines de la scolastique il édifie dans les Pensées une apologétique nouvelle. Son pragmatisme positif nie le droit de la raison à trancher les questions vitales. Il invoque les raisons du cœur, que la raison ne connaît pas. Rousseau oppose son pragmatisme aux sensualistes du dix-huitième siècle. Il se demande si l'établissement des sciences et des arts a contribué au bonheur du peuple. Dans la *Profession de foi du vicaire savoyard*, son sentimentalisme chrétien se dégage des dogmes, mais revient au Christ, à l'Évangile.

L'originalité de Kant, c'est de mettre en présence les deux philosophies intellectualiste et pragmatique. Dans la *raison pure*, il fixe les limites infranchissables de la connaissance humaine, il tue la raison pratique par la raison pure. Puis, ému de commisération pour son domestique, le vieux Lampe, comme le raconte plaisamment Henri Heine (Lampe, c'est-à-dire la multitude qui peine et qui n'a pas le loisir de philosopher), il tue la raison pure par la raison pratique et sauve ainsi la morale sociale.

Parmi les précurseurs de W. James, M. Schinz a oublié Gœthe. Observateur de la nature, Gœthe est panthéiste, mais il a besoin d'un Dieu personnel pour son être moral. Dans le célèbre monologue, Faust, au commencement, place non le Verbe, mais l'action. Gœthe raille les Allemands qui se tourmentent pour résoudre les problèmes métaphysiques, tandis que les Anglais, avec leur grande intelligence pratique, se moquent d'eux et conquièrent le monde. Chaque philosophie, dit Gœthe, stoïcisme, épicurisme, platonisme, etc., représente une forme différente de la vie *et doit régler ses comptes avec la vie*. Il faut choisir celle qui convient à notre nature, qui favorise nos meilleurs instincts. Nous devons nous demander : pouvons-nous entrer dans cette forme, avec nos dispositions naturelles, nos facultés ;

pouvons-nous la remplir exactement? *Il faut faire des expériences sur nous-mêmes.*

Ce précepte de Gœthe pourrait servir d'épigraphe à l'œuvre entière de W. James.

L'utilitarisme de Bentham n'est qu'un pragmatisme très insuffisant. Il se fonde sur la raison persuasive ; l'homme par le raisonnement doit puiser au-dedans de lui-même la force d'être juste. Comme si la foule raisonnait ! Comme si le raisonnement pouvait exercer un pouvoir coercitif !

Cependant le progrès des sciences naturelles et de l'esprit critique devait rendre la tâche du pragmatisme à la fois plus urgente et plus ardue. Avec Buffon et Lamarck, précurseurs de Darwin, s'élabore une conception du monde qui anéantit le rationalisme cartésien, de même que celui-ci avait ruiné la scolastique. Dans sa fécondité infinie, la nature marâtre ne crée les êtres que pour la souffrance et la mort. Du moins, par une sorte de pitié, cette nature avait-elle laissé aux hommes l'illusion et l'espérance dont la science nous révèle cruellement l'inanité. Il n'y a jamais eu de grands changements, il n'y en aura jamais. La lutte pour l'existence met aux prises toutes les créatures et les divise éternellement en oppresseurs et en opprimés, pour les unir dans le naufrage final. Les hommes ne sauraient être considérés comme responsables. Tout acte humain est le résultat inévitable des circonstances et du caractère de chacun. Rien ne nous autorise à croire que le monde est fait à notre convenance et que la philosophie puisse s'accorder avec la vie : « Voir, dit Guyau, c'est peut-être mourir : qu'importe, ô mon œil, regarde ! »

En effet, une telle philosophie, en admettant qu'elle soit la vraie, la seule conforme aux données de la science, n'est pas vivable. Ce n'est que dans la solitude de son cabinet d'étude, de son laboratoire, de son muséum, de sa salle de dissection que le savant peut nourrir de telles pensées. Père, mari, citoyen, il payera son tribut aux préjugés salutaires. Ce néant que son doute universel contemple sans trembler ne tarira nullement en lui les sources du devoir et de l'honneur, son zèle à servir les hommes, son ardeur à alléger leurs maux. Mais, en pénétrant dans les cerveaux populaires la demi-science s'y déforme : elle ne peut que développer l'égoïsme naturel, en faisant apparaître la religion comme une fable, les prescriptions morales comme des attrapenigauds. La philosophie matérialiste du dix-huitième siècle s'illustre par les hécatombes de la Terreur, qui rappellent le Dahomey.

Après l'ébranlement de la Révolution, le pragmatisme renaît spontanément, au commencement du dix-neuvième siècle, avec l'apologétique esthétique de Chateaubriand, dont M. Victor Giraud nous explique l'influence et la portée. Tout le long du siècle, entre pragmatisme et philosophie se produisent des oscillations plus ou moins rapides, selon les circonstances politiques et sociales. Fondée par Royer-Collard, Maine de Biran, Cousin, l'école spiritualiste réagira contre Feuerbach, Büchner, Vogt, Moleschott, continuateurs de La Mettrie d'Holbach,

Helvétius. Si, écrivait Guizot, le matérialisme est le dernier mot du genre humain corrompu et affaibli, la société s'écroule, une immense catastrophe se produit, la herse de fer des révolutions brise les hommes comme des mottes de terre et des générations nouvelles surgissent dans les sillons sanglants.

Durant la réaction qui suit la révolution de 1848, les aspirations vers la science objective renaissent avec Taine qui, dans ses *Philosophes du dix-neuvième siècle*, attaque le spiritualisme contraire à la libre recherche ; avec Renan, qui clarifie, en les continuant, les critiques allemands des origines du christianisme ; avec Spencer, qui formule sa loi d'évolution et relègue la Cause suprême dans le domaine de l'Inconnaissable. Cependant Taine et Renan, après la guerre et la Commune, dans des pages si souvent citées, Herbert Spencer dans son *Autobiographie* et son testament philosophique, justifient en quelque sorte le pragmatisme, tandis que Darwin et Wallace, qui ont donné une si vigoureuse impulsion aux sciences naturelles, s'efforcent d'endiguer les dangereuses conceptions philosophiques qui en découlent.

Enfin William James en Amérique, Schiller à Oxford, donnent au pragmatisme sa formule d'opportunisme moral et social. En France, M. Poincaré signale le caractère relatif des lois scientifiques, il les réduit à un opportunisme intellectuel. M. Bergson refuse à l'intelligence abstraite la capacité de saisir le flot mouvant de la vie que nous révèle l'intuition. M. Le Roy fonde le modernisme sur la phi-

losophie bergsonnienne. Sans se préoccuper des
dogmes, M. Boutroux ramène l'esprit scientifique
et l'esprit religieux à une inspiration commune.

M. Schinz exprime, en terminant, sa parfaite
sympathie pour l'œuvre sociale que se propose le
pragmatisme américain : rendre les hommes plus
honnêtes et moins malheureux, la société plus
prospère. La morale résume les conditions de la vie
sociale : elle ne peut avoir, pour l'ensemble, qu'une
base religieuse. Le pragmatisme sauve du christianisme ce qui peut en être sauvé. Il s'adresse,
non pas à la contrainte de l'État et des Églises,
mais à l'attention, à la réflexion, à l'expérience
de chacun, au bienfait d'une discipline intérieure
librement consentie. Les sociétés ne sauraient être
libres, se passer d'une autorité extérieure que dans
la mesure où les hommes sont capables de se gouverner eux-mêmes.

Mais, d'autre part, M. Schinz exige du pragmatisme qu'il se donne pour ce qu'il est en réalité, non
pas une philosophie, mais une méthode pour se
passer de philosophie, une apologétique populaire
qui repose sur deux erreurs : *l'accord de la vérité
scientifique avec les aspirations humaines, et l'égalité
intellectuelle et sociale des individus.* Que les pragmatistes constatent que la philosophie et la vie
s'excluent l'une l'autre, qu'ils reconnaissent deux
vérités, une vérité intellectuelle et une vérité morale, lesquelles ne peuvent s'unir et se confondre :
à cette condition seulement M. Schinz n'aura plus
d'objections à opposer à W. James.

M. Schinz croit d'ailleurs tellement à la vitalité, à l'avenir du pragmatisme, qu'il redoute qu'en Amérique il ne nuise à l'avenir de la science, à la libre recherche, à la spéculation désintéressée, et que cette jeune et vigoureuse démocratie, en supprimant toute élite intellectuelle, ou plutôt en l'empêchant de se former, ne se décapite elle-même. Ces craintes nous paraissent exagérées. M. Schinz admire chez W. James la coexistence de la haute culture scientifique dont témoigne son admirable *Psychologie*, et du pragmatisme si intelligent des *Variétés d'expérience religieuse*. M. Schinz constatera de même que le catholicisme est le refuge des plus hautes intelligences, comme des plus simples, d'un Pasteur et d'une Jeanne d'Arc. M. Schinz donne à son aristocratisme intellectuel une base trop étroite, quand il le place uniquement dans une philosophie antisociale, solitaire et désolée.

Les peuples d'Europe, d'après M. Schinz, s'acheminent vers l'américanisme démocratique. Mais la contagion pragmatique est moins rapide, moins redoutable pour la France. L'esprit aristocratique s'est toujours maintenu parmi nous indépendant de l'esprit populaire. Nous avons eu le bonheur de posséder une double aristocratie de l'intelligence et de la naissance fondue dans un d'Aubigné, un Montaigne, un Saint-Simon, un Retz, un La Rochefoucauld, un Montesquieu, un Buffon. Les pays anglo-saxons ne possèdent qu'un seul public, qu'un seul art qui se donne pour mission de favoriser un idéal social. En France, il existe deux arts et deux publics, les écrivains populaires, Paul de Kock, Victor Hugo, etc., et les auteurs qui ne s'adressent qu'aux *happy few*, un Stendhal, un Vigny; et de même en philosophie.

Mais M. Schinz n'aperçoit pas *l'autre danger*. La pensée aristocratique ne saurait demeurer hermétique. Les livres et la presse la vulgarisent et la dénaturent. L'État, par son enseignement, s'attache à la répandre. Au lieu de respecter l'Église, il travaille à l'anéantir. Pour parer à cet assaut, l'Église resserre et alourdit ses dogmes; à mesure que le peuple s'instruit, elle s'efforce de rendre la religion enfantine.

En brisant le frein religieux, on s'achemine vers la barbarie. L'État devrait donc exercer une répression implacable, ne laisser échapper aucun coupable, appliquer des peines sévères, inspirer la terreur du bagne. Il y va du salut de la société, car l'anarchie atteint chacun dans la vie de chaque jour. Mais le déterminisme aristocratique d'une part, l'humanitarisme populaire de l'autre, énervent la justice, transforment les chers coupables en innocentes victimes, jusqu'au jour où l'État et la Société comprennent la nécessité de se défendre... parfois trop tard.

CHAPITRE V

LA PSYCHOLOGIE ANTI-INTELLECTUALISTE
DE M. TH. RIBOT

LA PSYCHOLOGIE DES SENTIMENTS (1)

Est-il un sujet d'intérêt plus général, plus capti-
vant, plus « palpitant », que celui de la psychologie
des sentiments ? Chaque jour, nous éprouvons peine
ou plaisir, joie ou tristesse, nous sommes en proie à
l'amour, à la colère ou à l'ambition ; l'antipathie, la
bienveillance nous animent ; nous ressentons du bien-
être, du malaise et du dégoût ; nous recherchons des
jouissances esthétiques, des émotions religieuses :
mille mouvements contraires agitent et troublent
sans cesse le pauvre cœur humain, en ralentissent
ou en précipitent les battements. Qui ne sait le rôle
souverain que jouent les passions dans la vie humaine,
rôle bien autrement considérable que celui des idées ?

(1) *La Psychologie des sentiments*, par Th. Ribot, de l'Institut, directeur de la *Revue philosophique*, Paris, F. Alcan, 1896.

Elles en forment tout l'élément comique et dramatique.

Les littératures, dès leur première origine, se sont attachées à peindre les sentiments et les émotions. Chaque année des milliers de romans et de pièces de théâtre les présentent sous une infinité d'aspects. D'où vient que l'étude méthodique de leur mécanisme et de leur développement soit si confuse et si peu avancée? Cela tient à ce que cette étude était restée jusque-là entre les mains des philosophes, gens de tempérament froid, pour la plupart ignorants des passions, et qui inclinent à l'idéologie, La science du cœur humain n'a fait de progrès que lorsqu'elle est enfin tombée dans le champ d'observation des physiologistes et des psychologues qui ont cessé de considérer l'homme comme un être abstrait. Car *l'homme* n'existe pas, il n'y a que des hommes, différents d'humeur et de tempérament, variables de caractère, de l'enfance à la vieillesse, autres à l'état de santé et à l'état de maladie ; et ces variations révèlent l'union intime du physique et du moral.

Nul n'a mieux démontré que M. Th. Ribot, par les résultats, l'excellence de cette méthode qui consiste à appliquer à la psychologie la théorie si féconde de l'évolution. Ses précédents ouvrages sur *l'Hérédité*, *l'Attention, les Maladies de la mémoire, de la Volonté, de la Personnalité*, ont fait école. Nous ne croyons pas exagérer en signalant son dernier livre sur *la Psychologie des sentiments*, comme l'essai le plus important qui ait paru, depuis l'ouvrage de Taine sur *l'Intelli-*

gence. Assurément, nous devons ajourner la solution
définitive de tant de problèmes ; mais M. Ribot les
expose avec une haute compétence, il signale les
difficultés, il examine les hypothèses d'une science
qui n'est encore qu'à ses débuts.

M. Ribot traite d'abord du plaisir et de la douleur,
manifestations les plus générales de la vie affective,
puis des émotions spéciales, la peur, la colère, l'émotion tendre, le *moi*, l'instinct sexuel, etc.

La thèse principale de M. Ribot, qui fait dériver
la vie affective de tendances fixées dans l'organisme,
nous semble profondément juste. L'ancienne psychologie établissait une séparation trop tranchée entre le
sentiment et l'organisme. M. Ribot la supprime avec
grande raison. Il combat l'erreur intellectualiste des
philosophes qui prétendent établir la primauté de
l'intelligence sur les sentiments, et ne voient dans
les états affectifs qu'une intelligence confuse. Bien
loin d'être secondaires, dérivés, ces états affectifs
sont autonomes, irréductibles ; ils peuvent exister en
dehors de l'intelligence. Ce n'est pas une idée, mais
une tendance aveugle de l'organisme qui pousse l'enfant nouveau-né à chercher des lèvres le sein de sa
nourrice. Même l'adulte réfléchi obéit à des instincts
irraisonnés, à des désirs vagues. La sensibilité est
liée à l'organisme, et rien ne le prouve mieux que
l'action des substances toxiques, de l'alcool, du haschisch, de l'opium, des aphrodisiaques sur l'intensité
des émotions et des passions : l'intelligence n'a qu'une
influence secondaire sur la faculté d'éprouver du
plaisir ou de la douleur.

Quand il s'agit du physique, la thèse n'est point contestable ; mais en est-il de même au moral pour la joie et le chagrin qui ont, comme antécédent, non plus un état de l'organisme, mais une idée, une représentation ?

M. Ribot répond à cela que toutes les *formes* de la douleur (ou du plaisir) sont identiques. La souffrance, par exemple, que cause un cor au pied, un furoncle, ne diffère que par la *cause* de la sublime tristesse que Michel-Ange a exprimée dans ses sonnets, celle de l'artiste qui désespère d'atteindre jamais son idéal. L'auteur fait à dessein ce rapprochement brutal et qui scandalise au premier abord.

Pour vous convaincre de cette similitude, observez l'évolution de la douleur morale. Elle n'est, au début, que le pur résultat de la mémoire. L'enfant qui a avalé un remède désagréable s'en souvient. L'impression morale de ce souvenir est un écho, une copie affaiblie de la douleur physique jadis éprouvée.

Sous une forme plus complexe, la douleur morale suppose la réflexion associée à des images de douleur physique. Vous apprenez la maladie, la ruine d'un ami ; cette nouvelle évoque aussitôt dans votre esprit tout un cortège de privations et de misères. Faute de pouvoir se représenter ces maux, les enfants, les natures froides y restent insensibles.

Les cas où la douleur morale se présente sous un aspect purement intellectuel sont fort rares : tel est le métaphycisien tourmenté par le doute, le croyant qui ne se trouve pas assez fervent, le poète qui souffre de l'insuffisance de ses moyens d'expression ; mais là encore il y a l'impression pénible d'un effort dépensé en vain, c'est-à-dire une peine physique.

L'identité de tous les genres de douleur nous est d'ailleurs révélée par le visage, qui n'a pas deux expressions, l'une pour l'angoisse morale, l'autre pour le mal physique. Tout ce qui calme un genre de souffrance agit pareillement sur l'autre : une piqûre de morphine colore d'une teinte rosée les plus noirs soucis. La seule différence psychologique entre les deux douleurs, c'est que l'une est une réaction inconsciente de l'organisme contre tout ce qui lui est nuisible. l'autre une réaction consciente.

Et il en est de même du plaisir. C'est toutefois un sujet mal étudié, tandis que sur la douleur les documents abondent : depuis des siècles les médecins l'observent, et M. Ribot regrette qu'il n'y ait pas de même une profession consacrée uniquement sinon à la guérison, du moins à l'analyse du plaisir, une classe de scrutateurs diplômés des joies publiques et privées. Malheureusement l'exiguïté de la bibliographie du plaisir n'est peut-être que l'expression de la pauvreté de la matière. Le langage possède beaucoup moins de termes pour manifester les dispositions joyeuses de l'âme que pour en exhaler les tourments, ce qui prouverait que la gamme des voluptés est infiniment moins riche que celle des douleurs. Imaginez l'horrible monotonie d'un roman qui ne mettrait en scène que des gens heureux. Les béatitudes que Dante rencontre dans son Paradis n'offrent point la somptueuse opulence des supplices de son Enfer.

Les conditions physiologiques et anatomiques du plaisir sont une terre inconnue. Certains admettent que le plaisir ne diffère de la douleur que par le degré : ce serait la transition d'un coup de bâton à un léger chatouillement. Douleur et plaisir ont mêmes concomitances physiques dans la circulation du sang, la respiration, les mouvements, avec cette différence que le plaisir exalte et que la douleur déprime, phénomène que M. Féré a vérifié par le dynamomètre. Ici des larmes et des soupirs, là des rires et des chants ! Plaisir et douleur ne sont d'ailleurs que des symptômes et des signes séparables : l'anesthésie les supprime, l'attention, l'exaltation fanatique agissent de même. Pascal, plongé dans ses calculs, oublie son mal de dent. Les hystériques, les Aïssaouas, les fakirs ne ressentent pas les blessures. Enfin, comme la douleur, le plaisir, même idéal, a pour condition une sensation. Point de plaisir esthétique, si les sons et les couleurs ne viennent flatter nos yeux et nos oreilles.

Les liens du plaisir et de la douleur nous sont révélés par leurs aspects morbides. Où finit l'un, où commence l'autre, quelle est la ligne précise qui sépare l'état normal de la folie ?

Considérez le plaisir de la mélancolie, cher aux amants et aux poètes :

J'aime le jeu, l'amour, les livres, la musique,
La ville et la campagne, enfin tout. Il n'est rien
Qui ne me soit souverain bien,
Jusqu'au sombre plaisir d'un cœur mélancolique.

La douleur étant inséparable de la condition humaine, quel meilleur parti prendre que d'en caresser mollement l'incurable tristesse ? A mesure que leur objet recule dans le passé, nos chagrins, les regrets profonds que nous cause la perte des êtres chers nous laissent le ravissement d'un deuil attendri fait d'amertume et de douceur.

L'apitoiement mélancolique (*luxury of pity*) manque de noblesse, quand il n'a d'autre objet que notre cher *moi* : « Le bonheur que mérite l'excellence de mon âme tarde bien à venir », ainsi gémissent les ratés, les navrés, les méconnus, les incompris, et ce retour sur eux-mêmes leur est une dilection. Mais exagérez la mélancolie, elle tourne au spleen lequel conduit parfois au suicide.

Dès qu'il se hausse à la passion, le plaisir nous apparaît comme semi-pathologique. Selon la formule de M. Ribot, la passion joue dans l'ordre affectif le rôle de l'idée fixe dans l'ordre intellectuel.

Il existe des plaisirs morbides destructeurs de l'individu : l'ivrognerie, le goût des narcotiques, des stupéfiants. On les rencontre chez tous les peuples, dans toutes les classes de la société, depuis le chiffonnier, qui cherche dans un verre de trois-six l'oubli de son métier, une vision de prospérité et de puissance, jusqu'à l'élégante morphinomane qui trompe ainsi le vide effrayant de son luxe et de son ennui.

Parfois le plaisir est un résultat de la maladie. Dans une phase de la paralysie générale, l'aliéné éprouve un sentiment d'exubérance, de félicité suprême. Les phtisiques se consument en espérances, en pro-

jets, en illusions de bonheur. Il est des moribonds
qui accusent une étrange sensation de bien-être dési-
gnée sous le nom d'*euphorie*.

D'autres plaisirs attestent que les tendances des-
tructrices subsistent chez tous les hommes, conscien-
tes ou inconscientes ; l'attrait de la chasse, de la
vue du sang, l'intérêt extraordinaire que chacun
prend au récit minutieux d'un crime.

La contre-partie du plaisir de la douleur, *la douleur du plaisir*, existe chez certains pessimistes
bizarres. Ceux dont le cœur est à jamais brisé redou-
tent tout événement favorable, dont l'ironie ne pourrait qu'aggraver le poids écrasant de leur peine.

Plaisir et douleur dépendent du tempérament. Au
lieu de gémir de la vie, nous devrions plutôt nous
lamenter sur notre système nerveux, envier les apathiques, les insensibles. Une attaque de goutte, une
affection au foie changent pour nous l'aspect du
monde. Nos émotions restent subordonnées à *la
mémoire affective*. Si elle est faible, les émotions
passent vite, mais nous perdons aussi l'expérience
salutaire de la peine éprouvée. Sur les enfants
dénués de mémoire affective l'éducation n'a point
de prise.

Les caractères heureux ont le don de ressusciter
les images joyeuses et de refouler les fâcheux souve-
nirs. Tel fut Gœthe : capable « d'intellectualiser ses
sensations vives », comme dit le Dorsenne de
M. Bourget, il nous émeut profondément, lorsque
lui-même n'est plus ému.

Une question très débattue entre philosophes est

celle de l'antériorité de la douleur sur le plaisir. On a invoque les cris des enfants nouveau-nés ; mais tous ne crient pas, d'aucuns se contentent d éternuer. Et comment interpréter autrement que comme un simple réflexe cette manifestation sternutatoire de la joie de vivre ?

Pourquoi la douleur ? demandons-nous enfin. Ah ! pourquoi ? (Il serait, d'ailleurs, aussi logique de nous demander pourquoi le plaisir ?) Les réponses diffèrent du tout au tout, selon que vous vous adressez au théologien, au moraliste, ou au psychologue. Les deux premiers vous expliqueront que la douleur est une épreuve de la Providence, un bienfait de la Nature, qu'elle sculpte notre être moral, que, moniteur diligent, prophète infaillible, elle nous avertit de ce que nous devons éviter. — Mais, objecte le psychologue, il y a des poisons agréables dont on meurt, et des opérations chirurgicales dont on vit : les douleurs peuvent nous abrutir, et les plaisirs nous tuer. Ce sont des guides parfois très dangereux et qui n'ont rien de providentiel. « Ce qui fonde, dit Spinoza, l'appétit et le désir, ce n'est pas qu'on ait jugé qu'une chose est bonne ; mais, au contraire, elle est bonne parce qu'on y tend par l'appétit et le désir. » Et cela ne nous explique pas le *pourquoi* de la douleur ; résignons-nous donc à en étudier le *comment* afin de l'alléger, si c'est possible.

Dans la première partie de son livre, M. Ribot
traitait du plaisir et de la douleur. Conditions générales de l'existence, le plaisir et la douleur s'allient
aux autres émotions, à la colère, à la peur, aux satis-
factions égoïstes, à la sympathie, etc. Il nous reste
à analyser ces sentiments selon la méthode de l'évolution dont M. Ribot a su tirer un si avantageux
parti.

Il classe l'étude des différentes émotions selon
l'ordre chronologique où elles se produisent. Les
premiers sentiments qui se manifestent chez l'homme
sont des sentiments nécessaires à la conservation de
l'individu. C'est d'abord *la peur*, forme défensive de
cet instinct de conservation qui avertit déjà l'enfant qu'autour de lui tout est danger. Ce sentiment
se produit quelques mois après la naissance, le quatrième mois d'après Darwin.

Vient ensuite la colère, qui n'est que l'instinct de
conservation sous sa forme offensive. Elle se révèle
chez l'enfant par le froncement des sourcils. Aucune émotion ne fait mieux comprendre les rapports
intimes des sentiments et de l'organisme : on sait
de quelle façon la colère agit sur la respiration, sur
l'expression du visage, les gestes, chez les animaux
comme chez l'homme ; elle révèle à quel point le
sentiment prime l'intelligence. Quand nous sommes
irrités nous ne savons plus ni ce que nous disons
ni ce que nous faisons. C'est une courte folie. Mais

la colère ne présente vraiment le caractère morbide que dans l'épilepsie. Il est curieux de remarquer que l'épileptique tue autrement que l'hypocondriaque, et que l'alcoolique met aussi dans le meurtre le cachet de son originalité.

Fait singulier et horrible, la colère est accompagnée du plaisir de voir souffrir : il y a, pour les mauvaises natures, dans le spectacle de la douleur infligée une sorte de fascination.

La colère évolue de l'agression à la menace, elle semble s'intellectualiser et s'abstraire dans le mépris. M. Renan a érigé en système cette métamorphose de la colère. La devise de Leibniz : *Je ne méprise presque rien* nous semble toutefois supérieure à la théorie philosophique du mépris transcendantal de M. Renan.

Après la colère, apparaît chez l'enfant, vers le dixième mois, l'émotion tendre. Ce n'est pas là une tendance, un instinct adapté à une fin particulière comme la peur, la colère, l'attrait sexuel. L'émotion tendre et sympathique offre un caractère de plasticité sans limites. Son rôle dans la vie affective est considérable, car elle est l'un des fondements de toute vie sociale et morale.

Au plus bas degré, avant d'être morale, la sympathie est biologique. Elle se traduit par l'imitation des tendances motrices ; c'est le cas des moutons de Panurge, de la contagion des bâillements, du rire, de l'entraînement simultané des foules. A un degré supérieur s'y joignent la compassion, la pitié. On voit jusqu'aux fourmis relever leurs blessés sur le

champ de bataille. L'émotion tendre se traduit par
une sorte d'attraction physique, d'affinité, tandis
que la colère n'est que répulsion : la sympathie
cherche le contact de la main, le sourire en est
l'expression délicieuse. Que de gens doivent leur
succès dans le monde à ce qu'ils possèdent un joli
sourire ! Les jésuites, ces profonds psychologues,
ont érigé le sourire en règle de leur Ordre.

La joie de l'émotion tendre agit sur tout l'organisme, elle humecte les yeux, augmente la sécrétion
des glandes mammaires chez la femme. On a cher-
ché l'origine de cette tendresse dans le secours que
l'enfant reçoit de sa mère qui le porte, ou de sa
nourrice qui lui tend le sein. Ce serait donc un sentiment ego-altruiste. On a voulu voir de même dans
la bienveillance le secret calcul d'un égoïsme très
intelligent et très raffiné, qui attire les autres à soi,
tout en ayant l'air de se donner; dans la pitié, nos
propres maux réflétés par ceux d'autrui. Mais M. Ribot discute ces thèses, et n'y trouve que des conceptions systématiques, insuffisantes et étriquées de la
nature humaine. L'existence de l'instinct social
chez les animaux permet d'en constater l'innéité.
L'impulsion irrésistible vers le bien des autres
existe aussi chez les hommes. L'exemple du bon
Samaritain défie toutes les analyses de La Rochefoucauld.

Puis, après l'émotion tendre, se manifestent les
tendances du jeu ; c'est une sorte d'excès d'activité
qui se dépense sans but précis. Le jeu est la première
forme du sentiment esthétique.

En même temps que l'intelligence, s'éveille la curiosité, d'où naîtra la science. Nous sortons ici de l'animalité pour entrer dans l'humanité pure.

L'instinct sexuel, d'ordinaire le plus fort des sentiments, destiné à la conservation, non plus de l'individu, mais de l'espèce, ne se produit qu'après tous les autres. Il est accompagné de profondes modifications physiologiques, chimiques, voire même toxiques, chez l'homme et les animaux.

Réduit au simple instinct, l'amour n'a rien de commun avec l'émotion tendre. Les mâles de la reine des abeilles sont mis à mort, leur fonction une fois accomplie. Le mari de l'araignée court souvent le risque d'être dévoré par sa sévère moitié. Tolstoï, dans la *Sonate à Kreutzer*, a su admirablement exprimer cette cruauté de l'amour physique. Il l'étend jusqu'au sentiment. Il écrit quelque part dans ses *Mémoires*, en parlant d'une jeune fille : *Je l'aimais tant que j'avais toujours envie de lui dire quelque chose de désagréable.*

Allié à l'émotion tendre, l'amour sexuel, quand il n'est pas contrarié, offre sans doute la plus exquise consolation de toutes les déceptions de la vie. C'est un sentiment très complexe, qui peut contenir en lui tous les autres sentiments : de là, sa force irrésistible.

M. Ribot cite à ce propos la célèbre analyse qu'en a donnée Herbert Spencer. Mais que n'a-t-il ouvert le *Dictionnaire philosophique*? Voltaire, à l'article *Passion* et à l'article *Amour*, exprime en quelques pages, avec la vivacité, l'éclat et le cynisme qui lui sont habituels, toute la thèse de M. Ribot. Le premier progrès de la nouvelle psychologie, soit dit en passant, consiste à se délivrer du romantisme spiritualiste, pour revenir, en une certaine mesure, au naturalisme du siècle passé.

« Il y a tant de sortes d'amour, remarque Voltaire, qu'on ne sait à qui s'adresser pour le définir. On nomme hardiment amour un caprice de quelques jours, une liaison sans attachement, un sentiment sans estime, des simagrées de sigisbées, une froide habitude, une fantaisie romanesque, un goût suivi d'un prompt dégoût ; on donne ce nom à mille chimères...

« Tous les autres sentiments entrent dans celui de l'amour, comme les métaux qui s'amalgament avec l'or ; l'amitié, l'estime viennent au secours, les talents du corps et de l'esprit sont encore de nouvelles chaînes.

« L'amour-propre surtout resserre tous ces liens. On s'applaudit de son choix, et les illusions en foule sont les ornements de cet ouvrage, dont la nature a posé les fondements.

« Voilà, conclut Voltaire, ce que nous avons au-dessus des animaux. Mais si nous goûtons tant de plaisirs qu'ils ignorent, que de chagrins aussi dont les bêtes n'ont point l'idée ! »

Dans tout amour élevé, il y a la recherche inconsciente d'un idéal, et l'on sait l'interprétation que Schopenhauer a donnée à cette poursuite amoureuse, en la plaçant sous le patronage du Génie de l'espèce. Il peut arriver cependant que l'élément physique s'efface graduellement devant l'élément psychologique. Dans l'amour mystique et platonique, l'accompagnement organique est si pauvre qu'il est d'usage de le nier. Cet amour s'est fixé dans des institutions, au moyen âge, telles que les *Cours d'amour*.

Il a été symbolisé par Laure et Pétrarque, Dante et Béatrix, le comte Geoffroi Rudel et la comtesse de Tripoli. Avec saint Bernard et sainte Thérèse, il perd toute forme concrète et devient impersonnel. C'est une flamme pure qui s'élance vers le ciel. Nous touchons ici à un phénomène psychologique, *l'abstraction des émotions*, qui n'a pas encore été observé, et sur lequel M. Ribot nous promet un prochain essai.

M. Ribot aborde enfin l'étude des sentiments complexes, sociaux et moraux, religieux, esthétiques, intellectuels, et se plaint avec raison de ce que les psychologues n'ont pas accordé assez d'attention à cet ordre de sentiments collectifs, d'une extrême importance. En revanche, les économistes et les socialistes ont introduit dans ce domaine l'esprit de secte et de parti, soucieux d'y recueillir surtout des arguments en faveur de leur système. Les économistes n'ont vu partout que l'intérêt personnel et la concurrence, la lutte pour la vie. Les socialistes de l'école idéaliste, au contraire, n'ont voulu apercevoir dans les sociétés humaines que l'instinct d'union, de solidarité, d'appui mutuel, qui n'en est pareillement qu'un des aspects limité. L'œuvre de la science sera de rendre compte de tous ces phénomènes : on ne pourra songer à fonder la sociologie tant que la psychologie scientifique ne sera pas constituée dans son intégrité.

Prenons comme exemple saillant l'origine de la famille. Pour les uns, la famille a formé la cellule mère de la cité ; pour les autres, elle a été précédée par une sorte de communisme. L'instinct *grégaire*, qui existe chez nombre d'animaux, apparaît dans les sociétés humaines comme antérieur et supérieur aux coutumes familiales, fondées sur la jouissance égoïste des biens. Les socialistes en tirent une conclusion en faveur du collectivisme. M. Ribot incline à la thèse contraire, en se plaçant au simple point de vue psychologique.

Nous regrettons que le manque d'espace nous empêche de donner une idée non plus seulement de l'importance, mais de l'agrément de certains chapitres de M. Ribot, en signalant ses pages sur l'*humour*, sur le *rire*, sur l'*évolution du beau*, sur le sentiment du *sublime*. Nous devons toutefois nous arrêter quelques instants à sa théorie des *sentiments intellectuels*.

M. Ribot y met en relief sa thèse fondamentale de la primauté du sentiment sur l'intelligence. Il ne croit guère aux *idées-forces* de M. Fouillée, ou du moins il les interprète en ce sens qu'elles n'agissent à la longue qu'en tant qu'elles parient aux passions des hommes, qu'elles flattent leurs intérêts et leurs préjugés. Le fanatisme politique et religieux a sa racine dans des vœux pressants et cachés, auxquels la théorie donne une issue.

Les rapports réciproques de l'intelligence et du sentiment sont ceux du paralytique clairvoyant porté sur les épaules du robuste aveugle. Il ne sert de rien que le paralytique soit éclairé, si l'aveugle le mène où il veut. Cela démontre qu'en matière d'éducation il est aussi essentiel de dresser la volonté que d'éclairer l'intelligence ; et ce dressage de l'aveugle est la tâche de beaucoup la plus laborieuse et la plus malaisée.

COMMENT LES PASSIONS FINISSENT

Avant d'observer comment les passions finissent, rendons-nous compte de la façon dont elles commencent. C'est le sujet du livre de M. Th. Ribot, *Essai sur les passions* (1). Ce titre a un air volontairement suranné et semble retarder d'un demi-siècle. Le mot *passion* n'est plus de mode en psychologie savante ; vous le chercheriez vainement à travers les ouvrages de Bain et de William James, vous n'y rencontrerez que les termes : *états affectifs*, *émotions*, *volonté*. M. Ribot réagit contre cette élimination et nous explique, avec sa maîtrise habituelle, que les émotions sont une chose, que les passions en sont une autre, et qu'on ne saurait par conséquent les identifier et les confondre.

(1) Paris, F. Alcan, 1907.

Les sources des passions sont dans nos instincts, inscrits dans l'organisme par l'hérédité. Force aveugle, principe de toute action dans le monde animal, l'instinct exécute des actes automatiques, toujours les mêmes, par une impulsion, une stimulation intérieure, spontanée, involontaire, sans que le jugement ni l'imagination interviennent, sans même avoir la notion du but poursuivi, qui n'est autre que la conservation de l'individu et la conservation de l'espèce.

Les instincts agissent au-dessous de la conscience, dans les laboratoires physiologiques du moi *subliminal*. Au-dessus de ces besoins, de ces appétits, de ces tendances obscures et subconscientes, se manifestent des désirs, des répulsions, des émotions qui apparaissent à travers le champ lumineux de la conscience, pour en disparaître bientôt. L'émotion est un choc, une rupture d'équilibre, une réaction dont la soudaineté nous prend au dépourvu, et qui nous vient soit de l'instinct égoïste (peur, colère, joie), soit de l'instinct social (pitié, tendresse). Mais l'émotion est sans durée. La passion, au contraire, s'empare de nous comme une émotion prolongée, isolée, obstinée, fixée, stabilisée, intellectualisée, à laquelle s'ajoutent l'imagination et le jugement, et qui diffère autant de l'instinct animal « qu'un tourne-broche, de la grande horloge de Strasbourg » (Voltaire). Pour nous servir d'une comparaison de Kant, disons que : « l'émotion est une eau qui rompt sa digue ; la passion, un torrent qui creuse de plus en plus profondément son lit ». L'émotion s'oppose à la passion, comme, en pathologie, l'état aigu à l'état chronique :

la première est une ivresse passagère ; la seconde,
une maladie de l'âme, qui résulte d'une constitution
viciée ou d'un poison absorbé. L'inclination passion-
nelle est si forte qu'elle domine tous les autres motifs.
Entraîné malgré lui vers un objet ou une action quelconque, l'homme semble victime d'un démon intérieur. Passive, souffrante, humiliée, sa volonté demeure à l'état de servitude.

Cette distinction si nette entre l'émotion et la passion permet de discerner les émotifs intellectuels,
les déséquilibrés, les sensitifs instables tels que
Alfieri, Byron, Berlioz, Edgar Poë, des purs passionnés tels que Bonaparte, le génie même de l'ambition. La passion se doit assimiler à l'idée fixe, à
l'émotion fixée, unifiée.

Pourquoi éprouve-t-on une passion plutôt qu'une
autre ? Telle passion semble naître du hasard des
circonstances, d'un événement futile. En réalité,
nous y étions prédestinés par notre caractère, notre
humeur, notre tempérament, une inclination à la
joie ou à la tristesse, à l'activité, à l'énergie : seuls
les apathiques, les natures contemplatives sont
affranchis de ce joug. Les passions sont donc innées ;
il n'y a en elles d'artificiel que leur forme, qui obéit
à l'imitation, à la coutume, à la mode.

C'est de notre tempérament, de la partie la plus
obscure de notre être, de notre soubassement, de
notre infrastructure physiologique, de notre moi
subliminal, que surgissent, sans qu'on puisse les lo-
caliser exactement dans l'organisme, les passions de
la table, du vin, de l'amour, du jeu, cet orgueil de

domination, cet entraînement vers les aventures ris-
quées, que Nietzsche désigne sous le nom de *volonté
de puissance*, et qui s'empare à des degrés divers des
chercheurs, collectionneurs, inventeurs, spécula-
teurs, missionnaires, apôtres, écrivains, artistes,
politiques, etc...

Ces passions se classent d'après les instincts dont
elles émanent, mais leur évolution détermine en
elles une complexité croissante. Le goût de l'alcool,
de l'éther, de l'opium se transforme, par exemple,
en aspiration au rêve, et nous conduit au seuil de la
passion esthétique. L'amour, qui asservit l'homme
au génie de l'espèce, et qui débute par une affinité
chimique, une attirance mécanique, se complique
d'une infinité d'autres sentiments, dans l'amour tendresse, l'amour vanité, etc.... voire de sentiments
contraires, dans l'amour mépris, l'amour haine, si
bien décrit, chez George Sand et chez Musset, par
les experts en psychologie érotique. L'amour haine
jette en conflit l'instinct de l'espèce et l'instinct de
l'individu, qui en est la victime offensée. Dans
l'amour platonique, dans l'amour mystique, les éléments physiques, purement instinctifs, s'effacent
graduellement...

C'est en amour surtout qu'il importe de distinguer
les émotifs-impulsifs des vrais passionnés. Les premiers ne font que tirer ici et là un feu d'artifice ; les
seconds, semblables à des hauts fourneaux, fument et
flambent jour et nuit : plus d'une Didon, plus d'une
Ariane a expié cette méprise dans le deuil et les
larmes.

Le coup de foudre semble contredire la théorie de l'action lente et insidieuse des grandes passions. D'après M. Th. Ribot, il marque l'épanouissement convulsé de l'amour plutôt que sa naissance. Il n'éclate que dans un ciel d'orage, lorsque l'âme y est prédisposée par l'ébranlement et le trouble d'une passion antérieure. C'est le cas de Mlle de Lespinasse, et, selon la fiction, de Roméo et de Werther.

A la volonté de puissance se rapportent les passions expansives, le désir de conquête, sous forme de sympathie ou de destruction, de haine et de vengeance.

Ce sont là des passions que l'on peut dire universelles. D'autres présentent un caractère plus particulier. Telle est la passion religieuse, qui se traduit sous les diverses formes de mysticisme, d'ascétisme, d'apostolat, de fanatisme persécuteur. — La passion politique doit être classée, comme la passion religieuse, parmi les passions *grégaires*, et appartient en partie à la psychologie des foules.

Il faut ranger la passion esthétique dans la catégorie des passions intellectuelles, moins vives et plus durables. Elle répond au besoin d'idéal et tend à remplacer la religion défaillante ; nous lui devons des types pleins de relief, un Ruskin, un Huysmans, mais elle glisse aisément dans la pathologie. La passion de la science, la recherche patiente et tenace de la vérité peut être assimilée à la poursuite du gibier par le chasseur. De petites passions, petites dans le sens de simples, sont celles de l'avare, du collectionneur.

Une émotion répétée, passée en habitude, est susceptible de dégénérer en passion ; ainsi le goût du plaisir qui se transforme en inquiétude de fête perpétuelle, ou encore le sentiment de l'honneur.

Après avoir esquissé la nature, l'origine, la généalogie des passions, M. Th. Ribot nous fait assister à leur agonie. Elles obéissent à des alternatives d'exaltation et de dépression, et finissent par l'émoussement de l'habitude, l'épuisement et le dégoût, à mesure que le Temps nous touche de son doigt fatal et mystérieux. Chaque âge a ses passions : l'enfant est porté à la gourmandise ; le jeune homme prodigue paye à l'amour un lourd tribut ; l'ambition dévore l'homme fait, tandis que les joies austères de l'avarice consolent le vieillard.

Une passion se substitue à une autre, ou cède à la passion contraire. C'est le cas des conversions si bien étudié par William James. En proie à des penchants contradictoires, certaines âmes douloureuses ne peuvent supporter ce déchirement jusqu'au jour où, après une sorte d'incubation dans le subconscient (le moi *subliminal*), la tendance triomphante fait irruption dans la conscience ordinaire sous forme d'idée obsédante : un homme nouveau surgit, en paix avec lui-même. Ou encore il y a simple transposition de l'amour humain à l'amour divin. Racine, écrivait Mme de Sévigné, aime Dieu comme il aimait ses maîtresses.

Les passions conduisent parfois à la folie, au suicide ; elles triomphent de l'instinct de conservation et, quoi qu'en dise La Rochefoucauld, la passion peut contempler la mort fixement : l'amant, le patriote se précipitent avec joie dans son sein fidèle.

Remarquons, en terminant, que M. Th. Ribot est trop bon psychologue pour croire que la passion puisse céder à la raison, au jugement. Il n'est rien de plus dangereux, disons de plus absurde, que le préjugé rationaliste et intellectualiste, si répandu en France depuis le dix-huitième siècle, et qui domine aujourd'hui notre pédagogie officielle, préjugé d'après lequel il suffit d'éclairer les hommes pour les rendre maîtres d'eux-mêmes. Le vieux Nicole l'a constaté avant Herbert Spencer : « Ce n'est pas la raison qui se sert des passions, ce sont les passions qui se servent de la raison, pour arriver à leurs fins. » Aussi toute éducation purement intellectuelle, purement rationaliste est-elle nécessairement une éducation dépravée. Non seulement arracher une passion du cœur de l'homme, mais seulement la régler est de toutes les entreprises la plus difficile. On ne peut combattre les passions que par d'autres passions, par la force de l'habitude, par un long et obstiné dressage, par l'amour d'une bonne renommée, par la crainte de rougir de soi-même, etc.

Les passions peuvent s'éteindre dans l'individu ; elles vivront éternellement dans l'espèce humaine. « L'instinct, écrit Diderot, gouvernera toujours la terre, car les passions sont la production de l'instinct, et les passions régneront toujours. » Les passions, dans leur essence, sont les mêmes à toutes les époques, et diffèrent non par leur nature, mais par leur complexité et leur degré. Des Robespierres,

des Bonapartes dorment ignorés au fond des cime-
tières de village, auxquels l'occasion et le pouvoir
seuls ont manqué pour faire tomber des milliers de
têtes et massacrer des millions d'hommes. Tout le
mal et tout le bien qui s'accomplit dans le monde
vient du conflit des passions : elles ont inventé tous
les arts et tous les plaisirs. Elles constituent le drame
de l'histoire et de la vie humaine, aussi agité que
monotone, car seules les *formes* des passions changent. La guerre fut autrefois la passion du genre
humain, parce qu'elle permettait de satisfaire toutes
les autres. Grâce à la raison, les hommes ont découvert des moyens moins sanguinaires de satisfaire
leurs instincts déprédateurs : ils se comptent au lieu
de se battre, c'est le principe du droit de suffrage.
Calomnier est presque aussi sûr et moins dangereux
qu'assassiner : exploiter la naïveté, la crédulité humaines, rapporte plus que détrousser le voyageur au
coin du bois. Devenus, en un mot, plus intelligents,
les civilisés s'inspirent de l'exemple du rusé, du
prudent Ulysse, plutôt que du bouillant Achille et
c'est surtout par là que les mœurs s'adoucissent.

En dépit de cet adoucissement, les passions des
hommes, qui naissent les unes des autres dans une
variété prodigieuse, ruineront à jamais les espérances
de tous les beaux systèmes de paix et d'harmonie
sociales, chaque fois qu'on tentera de les mettre en
pratique. E. cette matière, le petit dieu de la terre,
l'homme, « reste toujours de la même trempe, et,
certes, aussi curieux qu'au premier jour ».

PROBLÈMES DE PSYCHOLOGIE AFFECTIVE (1)

M. Th. Ribot a réuni sous ce titre de courts essais qui se rattachent à sa psychologie des sentiments, et qui en complètent certains points essentiels.

L'essai le plus important de ce livre, *la Conscience affective*, accentue encore, s'il est possible, la réaction contre des méthodes intellectualistes et rationalistes en psychologie.

Ceux qui les professent se rattachent à la philosophie du dix-huitième siècle : ils identifient la conscience, c'est-à-dire la connaissance vague que nous avons de nous-mêmes, de nos modifications intérieures — et l'intelligence. Ils retiennent les éléments représentatifs de cette dernière, les idées, comme seules dignes d'être examinés, et ne se préoccupent pas des éléments affectifs : dans la vie humaine, ils considèrent les passions comme quantité négligeable !

D'après M. Ribot, notre vie intellectuelle, nos associations d'idées se développent sur le fond perpétuellement mouvant de la vie affective, de la sensibilité générale, qui s'exprime par des désirs, des sensations agréables ou désagréables, des attractions ou des répulsions. La vie affective et la vie intellectuelle sont complètement indépendantes l'une de l'autre, bien qu'elles s'influencent réciproquement. Tandis que la conscience intellectuelle est claire, la

(1) Paris, F. Alcan, 1909.

conscience affective est trouble, et nous la constatons plutôt que nous ne la connaissons : il nous est très difficile de nous en rendre compte par des procédés intellectuels. L'affectif est couvert d'un masque ; son action mystérieuse n'est consciente que par accident : il plonge ses racines dans le moi subliminal, dans les profondeurs de l'inconscient ; il exprime les modifications perceptibles de nos organes intérieurs, de notre vie végétative.

Comment pouvons-nous donc saisir la conscience affective à l'état pur ? Rien ne semble plus malaisé, car nos sensations s'intellectualisent d'ordinaire, et nous sommes tentés de les confondre avec l'idée que nous en avons. Imaginez cependant l'enfant durant les premiers mois : sa conscience affective est presque vide de tout contenu intellectuel. Des états de plaisir et de joie, de tristesse et de peine ne nous viennent pas du dehors, par l'ouïe, l'odorat, etc. ; ils sont organiques, internes, et ne nous apprennent rien du monde extérieur. Tel est l'état riant que procure le haschisch, tel est encore l'*euphorie*, le bien-être étrange des phtisiques et de certains mourants. On éprouve des tristesses sans cause, durant l'incubation de certaines maladies : les femmes sont sujettes à des accès de mélancolie périodique. Des peurs, des excitations indéterminées s'emparent de nous, jusqu'au moment où elles s'attachent à une représentation mentale, où elles se déchargent sur un objet précis. Citons encore les impressions de lassitude non motivée, ou de contentement physique où nous plongent certaines journées.

Ainsi, loin d'être une chimère, la conscience affective se révèle dans la vie ordinaire, non pas seulement comme une manifestation particulière et transitoire, mais comme un facteur toujours agissant
d'une manière d'être générale et permanente, qui
existe par elle-même, indépendamment de tout ad-
juvant intellectuel. Cette conscience organique reflète les variations de la sensibilité générale inces-
samment modifiée par le flux du travail vital. Elle
enveloppe nos pensées comme une atmosphère dif-
fuse.

Prise isolément et dans son fond, la conscience
affective paraît réductible à deux propriétés essentielles, le plaisir et la douleur, l'agréable et le désagréable. Mais ce ne sont là que des signes de faits
plus complexes, désirs, aversions, accroissement ou
diminution d'activité, qui dépendent de changements biologiques encore très peu connus.

De même que nous venons d'énumérer des états
affectifs non accompagnés d'états intellectuels, et
de démontrer par là leur autonomie, de même il y a
des états intellectuels absolument indépendants,
sous l'influence du chloroforme, dans les cas d'hyp-
notisme, de somnambulisme. Durant une opération,
le patient, partiellement anesthésié, sans souffrance,
cause tranquillement avec son médecin. Aux heures
de contemplation, de méditation, d'attention concentrée, la vie affective est à peine sentie, indiffé-
rente, automatique.

La différence de nature, d'après M. Ribot, si complète et tranchée, entre le moi affectif et le moi in-

tellectuel, entre les penséeset les sentiments (termes
d'ailleurs peu clairs et peu exacts) permet d'expliquer certaines contradictions qui pullulent dans.la
vie privée et dans la vie publique. M. Ribot fait
allusion aux cas si nombreux où l'individu possédé
par une affection profonde ou violente paraît agir
en contradiction avec sa propre raison ; cas si fréquent dans les passions de l'amour, de l'amour ma-
ternel, prêt à tous les sacrifices, malgré l'égoïsme,
l'ingratitude des enfants, etc. Le sens commun et la
réflexion condamnent ces contradictions au nom de
la logique, sans s'apercevoir de l'erreur qu'ils com-
mettent en traduisant l'affectif en termes intellectuels, en le jugeant absurde d'après une logique qui
lui est étrangère. Autant vaudrait parler de l'odeur
d'un son.

Cette cloison étanche entre la sensibilité et l'intelligence est un puissant moyen de conservation pour
la sensibilité, qui reste intangible dans son domaine,
à l'abri de tous les assauts, de tous les arguments de
la logique et de la raison.

Bien qu'irréductibles l'une à l'autre, la vie affective et la vie intellectuelle s'influencent réciproquement, et l'on pourrait classer les caractères d'après
ces influences, suivant que la sensibilité est maîtresse de l'intelligence ou qu'elle a peu de prise sur
elle et que celle-ci domine dans l'homme les sentiments plus faibles, — ou suivant que l'une et l'autre
se font équilibre à divers degrés. Ces différences
dépendent des tempéraments, elles varient avec
l'âge. La conscience affective est souveraine durant

l'enfance, elle se prolonge dans la jeunesse ; elle
subsiste à l'état brut chez les incultes et dans les
foules ; elle est d'ordinaire plus puissante chez les
femmes que chez les hommes ; son empire est assuré sur les nerveux, les impulsifs, les déséquilibrés.
Certains mystiques, les poètes, les artistes se distinguent par leur émotivité raffinée, capricieuse, instable, ils vivent de la vie affective : pour ce motif,
on a assimilé le génie à une névrose. Le domaine de
la sensibilité compte aussi ses surhommes.

Avec la culture, l'attention réfléchie et surtout
l'expérience, l'intelligence parvient à modérer les
penchants affectifs, elle nous propose et nous impose de meilleures conditions d'existence individuelle, d'adaptation sociale, elle nous enseigne la
manière la plus expédiente et opportune de satisfaire nos désirs, d'arriver à nos fins. En ce sens la
sensibilité représente le bouillant Achille, et l'intelligence, le prudent Ulysse. Elle est la lumière qui
éclaire la route aux forces intérieures qui nous
meuvent et nous poussent. Elle-même n'est pas
immatérielle, étrangère aux forces de la nature.
Tout travail cérébral s'opère par une dépense d'énergie, mais combien plus faible que celle des émotions et des passions ! La différence est aussi grande,
selon la comparaison de M. Ribot, qu'entre la com-
bustion d'une lampe et celle d'une fournaise.

Sans nier l'action, l'extrême utilité de l'intelligence, M. Ribot lui attribue moins d'efficacité sur
notre conduite qu'aux penchants innés, bons ou
mauvais, c'est-à-dire conformes ou contraires à

notre milieu, aux exigences de la société où nous
vivons. Sans partager le scepticisme radical de Bayle
d'après lequel la morale ne fait rien, tant qu'elle n'a
pas le tempérament pour complice et seules sont
faciles à réprimer les passions médiocres, M. Ribot
ne contemple pas sans sourire la trop longue rangée
des livres contemporains où tant de docteurs d'Université nous inculpent les règles de leur morale. La
philosophie la plus austère, celle de Kant, préside à
l'enseignement officiel : nos mœurs politiques paraissent une transposition bizarre de son impératif
catégorique.

De la solution que l'on donne à cette question de
l'influence des idées pures découlent pour la pratique des méthodes opposées, en matière d'éducation
de thérapeutique. M. Ribot ne les a point effleurées
parce qu'il évite les digressions, nous n'en dirons que
quelques mots.

Lorsqu'on assiste à la bataille acharnée qui se
livre, surtout en France, autour de l'école, lorsqu'on
voit l'ardeur des partis à s'en emparer, il semblerait
paradoxal de nier l'influence de l'enseignement sur
les cerveaux frustes et malléables des enfants du
peuple. Cet enseignement a d'autant plus de force,
qu'il s'exerce dans le sens des instincts naturels :
exposer des idées suffit, grâce à cette complicité.
L'éducation, quand elle consiste à refréner, est
infiniment plus complexe et malaisée ; elle doit opposer des habitudes, des passions à d'autres passions.

Les médecins pour maladies nerveuses sont divisés en deux camps, suivant qu'ils agissent de préférence sur le tempérament affectif ou sur les facultés mentales. La foi en la médecine remplace pour beaucoup la foi en la religion ; ceux qui l'exercent deviennent parfois de véritables directeurs de conscience (1). L'auteur d'un intéressant article de la *Revue hebdomadaire* (2) exprime sa confiance en la méthode intellectuelle de la *Psychothérapie :* mais en même temps il s'étend longuement sur les hautes qualités requises chez le médecin rééducateur, sur la sympathie, la confiance, l'affection qu'il doit inspirer au malade, ce qui revient à agir sur la sensibilité plus que sur l'intelligence. Les mêmes idées exprimées dans les mêmes termes, par un docteur indifférent, antipathique, resteraient lettre morte.

Que faut-il entendre enfin, du point de vue de M. Ribot, par ces idées-forces, terme et système exposés par M. Fouillée dans des pages éloquentes ? Une idée, pour devenir un stimulant, un mobile d'action, doit éveiller un désir, une émotion qui la transforme en un sentiment supérieur.

Or, c'est un préjugé métaphysique généralement répandu que la conscience affective est sans lien avec les sentiments supérieurs : ils semblent étrangers à la sensation, sans connexion avec la vie organique. Comment, a-t-on dit, comparer le plaisir du

---

(1) Voir dans le livre du docteur Fiessinger, *Science et Spiritualisme,* le chapitre sur la *Psychologie du catholicisme,* 1907.

(2) 14 janvier.

fromage et de la bière avec le plaisir d'une lecture d'Hamlet ? Mais la seule différence est dans la nature psychologique de l'excitation, agissant tantôt à la manière des sensations externes et internes, tantôt à la manière des représentations, des images. Si l'idée ne tombe pas sur un sol favorable, si elle n'a pas de résonance dans l'organisme, si elle reste sans influence sur son activité vitale — ce qui est fréquent — il n'y a plus qu'une conception pure, un simple état intellectuel.

Soit, dit M. Ribot, le sentiment religieux, la croyance en un pouvoir supérieur à l'homme et dont il dépend : forces de la nature, animaux, génies, Dieu idéal et transcendant. Si cette conception ne produit aucune réaction dans la conscience affective (joie, amour, peur, confiance, etc.), c'est l'indifférence et la négation athée. De même pour un sentiment moral, tel que l'idée d'un bienfait, d'une injustice : il donne lieu, chez la plupart, à des manifestations physiologiques visibles et tangibles. Chez d'autres, rien : « leur cœur est sec ». Pour Spinoza, la pitié n'est pas une idée-force : ce pur intellectuel la réprouve. L'expérience et la logique, conclut M. Ribot, n'autorisent donc aucun hiatus dans la série ascendante des sentiments, ni l'absence de conditions organiques, dans un état réellement senti.

Et la conclusion de M. Ribot, c'est qu'il faut être vicié par le préjugé intellectualiste ou par la maladie métaphysique de l'unité absolue pour ne pas voir que sentir et connaître sont deux manifesta-

tions totalement différentes et indépendantes l'une
de l'autre, dès leur origine, et que pour pénétrer
dans la vie affective, il faut s'affranchir de la méthode intellectuelle.

Comme le remarque très justement la *Revue de
métaphysique et de morale*, à lire ce réquisitoire
de M. Ribot contre les catégories et les formules intellectualistes, on croirait parfois entendre M. Bergson. Mais il y a entre eux de grandes différences, et
peut-être aussi d'autres analogies que nous devons
nous efforcer de démêler.

L'ILLUSION AFFECTIVE

Toute la psychologie de M. Th. Ribot est fondée
sur la primauté de la *vie affective*, séparée de la vie
intellectuelle, bien qu'elles s'influencent réciproquement. M. Ribot est aux antipodes des intellectualistes
qui, dans l'âme humaine, n'oublient que les passions,
qui estiment que l'homme se gouverne uniquement
par les idées, qu'il suffit de l'instruire pour le ré-
former, voire le transformer, alors que les idées n'ont
d'influence que si elles tombent sur un sol favorable,
si elles ont une résonance dans l'organisme, si elles
sont non pas seulement comprises mais senties. En
un mot l'intelligence éclaire, mais le sentiment, la
passion meuvent. Il est à peine besoin de remarquer
quelles méthodes opposées en matière d'éducation,

de direction résultent de la divergence de ces thèses en psychologie.

La *Revue de métaphysique et de morale* (1) remarquait à ce propos qu'à lire le réquisitoire de M. Ribot contre les catégories et les formules intellectualistes, on croirait entendre M. Bergson. Mais, ajoutait-elle, il y a entre eux de grandes différences. Tandis que pour M. Bergson l'affectif est l'irréductible, au delà duquel on ne remonte point, le type même de la réalité, il n'est pour M. Ribot qu'une résultante, l'expression de la sensibilité générale, qui est elle-même l'aboutissant d'actions vitales dont le fonctionnement est d'ailleurs si obscur. Tandis que M. Bergson nous invite à rentrer en nous-mêmes pour nous connaître, qu'il voit dans l'intuition un mode de connaissance supérieur à tout autre, M. Ribot fait le procès du fameux adage socratique : « Connais-toi toi-même. » La connaissance de nous-mêmes n'est pas seulement, d'après lui, difficile, elle est impossible, car il y a en nous une vie souterraine qui n'apparaît qu'en passant et jamais en totalité (2). C'est à cette connaissance illusoire de nous-mêmes que M. Th. Ribot consacre le dernier chapitre de son livre, *Problèmes de psychologie affective*.

Par *Illusions affectives*, M. Th. Ribot entend celles qui se rapportent à l'observation intérieure de nous-mêmes, à la validité du jugement que nous portons sur nous, à ce témoignage de la conscience

(1) Novembre 1909.
(2) *Revue de métaphysique et de morale*, supplément, p. 3.

que la psychologie d'autrefois jugeait indiscutable. Elles se distinguent de ces autres illusions sur les choses du dehors, sur la société, sur le monde en général, dont le sujet est pour ainsi dire sans limites, et qui ont fait l'objet de tant de livres (1).

Citons quelques exemples d'illusions affectives. Nous croyons éprouver pour telle personne un sentiment d'amour ou d'amitié à toute épreuve : l'absence, l'éloignement, la nécessité d'une rupture qui s'opère en nous sans déchirement nous en démontre la réelle fragilité. Ou bien inversement telle autre personne semble tombée pour nous dans une indifférence proche de l'oubli, notre affection pour elle nous paraît desséchée ; et voici qu'en la retrouvant nous nous apercevons que nous n'avons cessé de l'aimer et sa perte nous causera une douleur profonde.

Les femmes s'imaginent qu'elles admirent un auteur. Mais Joubert remarque que l'admiration chez les femmes est une autre forme de l'amour. Ou bien encore elles se figurent aimer l'homme et n'adorent que sa renommée et le prestige qui en peut rejaillir sur elles. Il y a des illusions affectives qui touchent à l'esthétique : c'est le cas de l'artiste qui se félicite d'être ignoré du public, de n'être compris que des *happy few* et qui par là se console de son dépit. Les illusions morales nous portent à nous considérer comme meilleurs ou pires que nous ne sommes ; nous nous sur-estimons ou nous nous sous-

(1) Voir JAMES SULLY, *les Illusions*, Paris, F. Alcan.

estimons. On croit avoir pardonné les offenses, mais
la rancune subsiste au fond du cœur. Illusions religieuses : Lucrèce se dit athée et il est tout pénétré
de religiosité, alors que la pratique d'une piété
égoïste et puérile reste tout à fait étrangère au sentiment du divin. Illusions de permanence : un sentiment passager s'exprime en serments éternels,
erreur trop fréquente dans les passions de l'amour,
Ou encore nous éprouvons un engouement pour les
voyages, un art, une localité, un changement de vie,
fascinés par l'illusion que cet engouement sera du-
rable. Illusions par suggestion ou auto-suggestion :
esclaves de la mode, nous participons à des jeux,
à des plaisirs qui au fond nous assomment. La
liste est loin d'être épuisée.

Il y a en nous des dispositions latentes, des états
stables qui donnent au caractère individuel un ton
affectif propre, une marque spéciale. On est peureux,
irascible, aimable, orgueilleux, ambitieux, hardi,
pacifique, maussade, porté à l'humilité, aux dispositions bonnes ou mauvaises. Celui qui manifeste
ces dispositions évidentes à tous, souvent, de bonne
foi, refuse de se les attribuer. De même que les passions, les tendances ont une grande influence sur la
genèse des illusions.

La conscience ne peut donc jamais connaître le
sentiment affectif dans sa totalité. Elle a des facteurs
subconscients (qui se révèlent intégralement dans le
somnambulisme, le sommeil hypnotique), d'autres, in-
conscients, sur lesquels l'introspection n'a pas de
prise.

Quelle est maintenant la valeur de ce subconscient, de ce moi subliminal, qui d'ordinaire ne se manifeste à nous que par les messages intermittents qu'il envoie dans la conscience claire ? D'après les uns, il représente ce qu'il y a de meilleur en nous ; d'après les autres, il est la médiocrité même, l'expression de notre nature inférieure.

Myers lui attribue les guérisons miraculeuses, les révélations de l'au-delà, les inspirations du génie ; James, les plus hautes aspirations religieuses, l'enthousiasme, le contact avec des puissances qui nous dépassent.

A l'opposé, d'autres psychologues tracent du moi subliminal le portrait le moins flatté. Ils nous disent que le subconscient est stupide, sans critique, extrêmement crédule, dénué de moralité ; que son mécanisme mental, soustrait à l'intelligence et à la raison, est celui de la brute. Dans son *Introduction à la psychologie de l'Inconscient* (1), M. Bazaillas démêle, il est vrai, dans le génie d'un Rousseau, par exemple, l'œuvre du moi subliminal ; mais ce moi, centre des appétits et des tendances affectives, est essentiellement fruste, ignore l'action réductible de l'intelligence, ne connaît que la jouissance immédiate : si l'on veut se rendre compte de son dynamisme, qu'on observe les mouvements aveugles, impulsifs des foules.

Comment concilier des opinions si divergentes ? Il ne saurait y avoir un type unique de subconscient.

(1) *Musique et Inconscience*, Paris, F. Alcan, 1908.

Le moi subliminal participe aux avantages et aux défauts inégalement répartis entre les hommes. L'intuition du génie n'a rien de commun avec celle de la bêtise.

Ces représentations, ces illusions, comme les appelle M. Ribot, de qualités si différentes, sont-elles favorables ou nuisibles ? Sur cette question, les opinions sont partagées en deux grands partis, celui des erreurs utiles et celui des vérités souveraines,

Nul n'a exprimé avec plus de véhémence que Leopardi dans ses *Dialogues* la thèse exclusive des bienfaits de l'illusion. En nous l'accordant, la nature clémente nous dissimule son inexorable cruauté. Mais l'intelligence et la science déchirent ce voile. Les illusions s'évanouissent. Leur perte amène la mort de l'âme et le détachement de tout. La vérité est misérable et funeste : la connaissance de la réalité des choses devient une source d'indifférence, d'iniquité et de bassesse, de déshonnêteté des actions et de perversité des mœurs. Leopardi loue et exalte ces opinions qui, « bien que fausses, engendrent des actes et des pensées nobles, fortes, magnanimes, vertueuses et utiles au bien public ».

En bon observateur, M. Ribot ne se range point à des vues aussi catégoriques dans un sens ou dans l'autre. L'illusion, lorsqu'elle nous empêche de nous adapter à la réalité, est ordinairement nuisible. Mais l'expérience nous révèle l'utilité de certaines illusions, et la réflexion nous l'explique.

Tout individu combat pour conserver sa vie, promouvoir son bien-être. L'instrument de ce sentiment général et rudimentaire, c'est l'amour-propre, l'estime de soi-même poussée à l'extrême. Rien n'est plus avantageux pour la lutte, tandis que les humbles, les timides restent dans un état d'infériorité marquée. M. Ribot considère de même les croyances consolatrices comme utiles à la morale et au bonheur : Herbert Spencer, dans son testament, juge coupable de les détruire chez les autres, quand on ne les partage pas soi-même. Il en est de même de la confiance trop souvent illusoire en la médecine et les médecins qui, pour beaucoup, remplace la foi en une Providence. Est-il une plus grande douceur, un plus grand charme que le mirage de l'amour ? Taine a dépeint les conséquences considérables, pour la civilisation et la liberté humaines, du dogme de l'immortalité de l'âme. De même le libre arbitre qui, pour les mécanistes, n'est qu'un vain songe, est une hypothèse des plus favorables à la morale. Que n'a-t-on fait pour la gloire, la survie posthume dans la mémoire des hommes et le lointain des âges ! Or, les favorisés n'en pourront jouir : la gloire est un temple au fond duquel se dresse un tombeau.

Supprimez ces illusions dans la vie humaine, dit M. Ribot, et une bonne part de ce qu'il y a de grand dans l'histoire disparaît. On ne peut nier leur puissance d'action. Les peuples civilisés ne sont pas arrivés au point où ils sont en suivant les routes unies de la logique des idées et de la raison raisonnante. M. G. Sorel a attiré notre attention sur le rôle qu'ont joué les mythes, ces créations spontanées si favorables à l'action.

Enfin M. Ribot cite une dernière forme de l'illusion affective spécialement étudiée par M. Jules de Gaultier, sous le titre un peu surprenant de *Bovarysme*. M. de Gaultier met son étude psychologique sous le patronage des héros de Flaubert ; ils ne cessent de se concevoir autres qu'ils sont et ils cherchent à se modeler sur ce personnage idéal, sur ce fantôme d'eux-mêmes, créé par leur imagination. Mme Bovary voit en elle une héroïne de roman, et agit en conséquence. Frédéric Moreau, ce prince des ratés, se découvre les vocations les plus variées, artiste, historien, amant, homme politique. Et il les manque toutes. Le bovarysme est un principe de renouvellement de l'individu que Flaubert ne nous a dépeint que sous sa forme morbide. L'existence phénoménale, écrit M. Ribot, nous apparaît comme une chose en mouvement. Devenir autre est la loi de la vie. Or dans l'être conscient cette loi se transforme en une représentation : il faut s'imaginer *autre* pour vivre et progresser. Le bovarysme est dans son ensemble un appareil d'impulsion. La représentation illusoire est si vive qu'elle tend à se réaliser, à nous faire autres, utilement ou non, sans y réussir toujours.

Nous remarquerons en terminant à quel point ces conclusions de M. Ribot se rapprochent par endroits, avec une terminologie différente, de la philosophie de M. Bergson. Pour M. Bergson le caractère n'a rien d'immuable. Il se fait et renaît à chaque instant. Mais lorsque M. Ribot nous parle de la possibilité de devenir autre que *l'on est*, M. Bergson corri gerait en disant : on *n'est pas*, *on devient* sans cesse. M. Bergson définit l'âme « l'agitation inquiète de la vie ». L'illusion affective de M. Ribot, M. Bergson la qualifiera souvent d'intuition. D'après M. Bergson l'illusion est peut-être aussi fréquente dans l'intelligence que dans le sentiment, car l'intelligence ne s'attache qu'à ce qui persiste, et ne peut saisir et fixer le flot de vie que la sensation nous révèle.

Disons enfin que les mots *vérité, erreur,* qui ont un sens très net en matière de science, expriment des notions beaucoup plus vagues lorsqu'il s'agit de la pratique de la vie; dans la conception de la *vérité vitale,* les conséquences et les effets entrent en ligne de compte.

Sauf ces divergences, n'est-il pas curieux de voir des esprits aussi opposés, M. Ribot, positiviste, physiologiste, et M. Bergson, idéaliste et psychologue, se rencontrer dans ce même courant de réaction contre l'intellectualisme radical, dont M. Chaumeix nous a donné récemment un si clair exposé (1), intellectualisme si peu intelligent, si étroit, si intolérant lorsqu'il se refuse à comprendre, à admettre, à laisser vivre les manifestations de l'âme humaine qui lui sont contraires.

(1) *Revue hebdomadaire,* du 1ᵉʳ janvier 1910.

LES SYMPATHIES IMPARFAITES

Jamais on n'a autant parlé de paix entre les peuples, autant écrit de livres sur l'union, ou comme on
dit aujourd'hui, la *solidarité* nécessaire entre les
hommes, et jamais temps ne fut plus agité par l'hostilité et les haines entre les classes, les partis, les
nations. Le mot *fraternité* s'étale sur les monu-
ments et la guerre civile est dans les cœurs. Les
journaux retentissent de polémiques acerbes et vio-
lentes. On garde l'impression que tout le monde a
envie de donner des coups et n'est retenu que par
la crainte d'en recevoir. Toujours prêts à confondre
la logique des raisonnements avec la réalité des
faits, les rationalistes ne cessent de nous annoncer
que les moyens de communication entre les hommes,
rapides et multiples, travaillent selon le sens de l'entente et de l'accord dans l'humanité. Mais, disait
M. de Bonald, le meilleur moyen d'unir les hommes
n'est pas de les rapprocher On s'entend à distance,
on se heurte de trop près. A vivre ensemble trop
étroitement, les meilleurs amis se froissent et ris-
quent de se brouiller. L'homme poursuit la concorde, mais la nature veut la discorde. Kant et
Darwin estiment qu'en cela la nature, à la fois mé-
phistophélique et providentielle, vise au progrès de
l'espèce par la lutte de tous contre tous. Les hommes
travaillent sans doute à atténuer les formes de cette

lutte : tenter de la supprimer serait aussi vain que nuisible. Dans l'histoire et la société, l'antipathie joue un rôle non moins utile que la sympathie.

Tandis que la sympathie compte une littérature débordante, l'étude de l'antipathie s'est trouvée cependant négligée par les psychologues. M. Th. Ribot, qui traite le sujet dans son livre *Problèmes de psychologie affective* (1), constate à quel point ses précurseurs sont clairsemés, ils se réduisent à Baldwin, à Sophie Bryant, et quelques autres. Serait-ce que l'antipathie offre un sujet ingrat entre tous ? Aux yeux du naturaliste les manifestations de la vie les plus opposées présentent pourtant un même intérêt général. La remarque s'adresserait plutôt aux moralistes, soucieux de peintures attrayantes. Sur l'antipathie, ils ne nous ont encore rien donné d'analogue au petit livre impertinent dans lequel La Rochefoucauld nous dévoile, avec quelle sagacité ! les ruses et les détours de l'amour-propre. Nous ne trouverions guère à signaler sur l'antipathie que quelques pages exquises des *Essais* de Ch. Lamb, l'humoriste génial. Dans le milieu le plus modeste et le plus mesquinement bourgeois, Lamb mena la vie la plus honnête et la plus pure, traversée par un drame d'Eschyle, sombre et sanglant ; sa bonté transforma ses malheurs en grâce et en sympathie, à l'ombre d'attachements fidèles que lui valut un cœur né pour l'amitié (2). Il

(1) Paris, F. Alcan, 1909.
(2) Préface de Louis Dépret à sa traduction des *Essais* de Lamb, 1880.

était sujet, néanmoins, à de vives antipathies qu'il appelle, par un euphémisme charmant, ses « sympathies imparfaites ».

Ce n'est guère « qu'en montant sur les échasses aériennes de l'abstraction », nous dit Lamb, que l'on peut s'harmoniser et sympathiser avec toutes choses, n'éprouver de répugnance pour rien et pour personne. Quant à lui, lié à la terre, enchaîné au théâtre de son activité, il avoue qu'il ressent jusqu'à un excès maladif les différences nationales et individuelles de l'espèce humaine. Tout est pour lui penchant ou répulsion. Il n'est qu'un faisceau de préférences et de dégoûts, esclave de tout ce qui s'appelle sympathie et antipathie. On ne peut aimer tout le monde de même : «... Il peut y avoir tel individu, né sous des astres tellement contraires à la nature individuelle de son voisin, que la même sphère ne peut les contenir tous les deux. » Lamb s'est rencontré avec ses antipodes moraux, et il croit aisément à l'aventure de ces deux personnes qui, ne s'étant jamais vues une seule fois auparavant, se battirent ensemble dès le premier instant de leur première rencontre. L'antipathie naît ainsi avec une aveugle spontanéité ; elle peut s'exalter jusqu'à la haine, sans aucun grief apparent. Lamb cite la curieuse histoire d'un Espagnol qui tenta d'assassiner un certain roi Ferdinand d'Espagne, et ne put donner d'autre raison de son acte qu'une antipathie invétérée qu'il avait conçue ,pour ce monarque la première fois qu'il le vit. Dans un conte d'Oscar Wilde, un esthète devient le meurtrier

d'une femme qui choque en lui le sens de la beauté,
« parce qu'elle avait les os trop épais ». Ch. Lamb
démêle les subtiles raisons pour lesquelles il
n'éprouve que des sympathies imparfaites envers
les Écossais, les juifs, les quakers et les nègres,
« ces images de Dieu taillées dans l'ébène », tout en
reconnaissant leurs mérites. La faute en est à lui,
assurément, tant il est « sophistiqué d'humeurs, de
fantaisies, d'exigeantes sympathies, qui changent
d'heure en heure... »

Une exacte analyse de ces pages de Ch. Lamb
fournirait les premiers éléments d'une étude sur
l'antipathie. Si vous êtes curieux de connaître les
origines, les lois, le développement de ce reflux qui
nous éloigne de nos semblables, tandis que le flux
de la sympathie nous y ramène, lisez les pages de
M. Ribot.

L'antipathie est une aversion naturelle, étrangère
à tout calcul, à toute logique, dont les raisons, justes
ou fausses, nous échappent à nous-mêmes. Ramenée
à ses éléments inférieurs les plus simples, elle est
organique, physiologique : la vue et l'odorat y
jouent un grand rôle. Il semble que la nature prenne
soin de nous avertir que certaines substances, certains aliments nous sont nuisibles. Le langage
commun rappelle cette genèse visuelle et olfactive
de l'antipathie, lorsque nous disons d'une chose
qu'elle est écœurante, ou de quelqu'un : « Sa tête
ne me revient pas, je ne puis le sentir. »

Toute différence, observe Stendhal, engendre
haine ou au moins antipathie entre les hommes

comme entre les bêtes de même espèce ou d'espèces différentes ; antipathie des irréfléchis pour les circonspects ; des actifs, des nerveux à mouvements rapides pour les lents (en terme d'argot populaire les *moules*) ; des souffreteux, des chétifs, des mal conformés pour les solides, les vigoureux, les élégants ; des laids et des gauches, pour les hommes avantageux, etc... Vous comprendrez la défaveur de tel homme à l'égard de tel autre en regardant leurs deux portraits.

Il est à peine besoin de rappeler le rôle capital que jouent la sympathie et l'antipathie dans les passions de l'amour. On aime avec tout son être : mais pourquoi aime-t-on et pourquoi ne peut-on pas aimer ? Un son de voix, la manière de prononcer certains mots, la couleur des yeux, mille petits traits suscitent la passion ou lui font obstacle. Gœthe, dans les *Affinités électives*, compare l'amour aux combinaisons ou aux répulsions des corps de la chimie ; d'autres veulent y voir des influences magnétiques. Il peut exister — le cas même est assez fréquent — des attraits de passion et des antipathies de caractères, si bien qu'aussitôt après l'étreinte éperdue, les amants se sentent séparés par des distances sidérales.

L'antipathie organique se rapproche de l'instinct de conservation, se confond peut-être avec lui, elle en a la stabilité, la rapidité, la sûreté.

Chez les adultes, pourtant susceptibles de réflexion, l'antipathie se produit par « coup de foudre ». C'est une sorte de divination soudaine et confuse, qui déroute le rationalisme, une intuition brusque et émotive. Les frères Goncourt, cités par M. Ribot, définissent l'antipathie « un premier mouvement et une seconde vue ». M. Ribot explique certaines aversions soudaines, à l'égard de personnes inconnues, en présence desquelles on se trouve pour la première fois, par une sorte de mémoire affective, par une ressemblance oubliée (enfouie dans les tiroirs secrets du *moi subliminal*) de gens dont nous aurions jadis éprouvé quelque dommage; ou bien par cette pensée subite que nous sommes en présence de masques, et qu'il est prudent de se tenir en garde. D'autres fois, une connaissance plus intime dissipe les illusions, suscite les incompatibilités d'humeur. Elles sont fréquentes entre mari et femme. « Le mariage a ses antipathies », dit Massillon dans un sermon de carême. Les tendances antagonistes séparent les gens qui se trouvent, selon l'expression de Lamb, aux antipodes, moraux ou immoraux les uns des autres : les attitudes opposées impliquent une critique, un blâme réciproque. Les gens simples ne peuvent souffrir les prétentieux ; les esprits sérieux, graves ou gourmés, ont en horreur les plaisantins, les diseurs de bons mots, de calembredaines. L'irritabilité des artistes fait naître des rivalités féroces fondées sur l'antipathie. Lamartine n'aime point La Fontaine, Mérimée dédaigne Hugo, Musset apostrophe Voltaire, Ingres cligne des yeux devant les tableaux de Delacroix, Félicien David se bouche les oreilles aux opéras d'Auber, le seul nom de Hegel met Schopenhauer hors de lui, Port-Royal se signe devant les *Essais* de Montaigne, les apôtres eux-mêmes ne font pas ensemble très bon ménage.

Il existe enfin des antipathies collectives de famille, de clan, de caste, de classes, de cénacle, d'églises, de nations et de races non plus innées, mais acquises par l'éducation, la tradition, les mœurs, et qui rejaillissent sur les individus. Il y a des antipathies morbides. Dans son énumération si clairvoyante, M. Ribot n'omet, semble-t-il, que les antipathies de concurrence entre les gens de même grade ou de professions différentes et les antipathies d'amou-rpropre, nées de froissements, de défaut d'attentions, de manque de prévenance, et faciles d'ordinaire à retourner ou à effacer. Les amitiés mêmes qui n'ont pas leurs jours, leurs heures d'antipathie ne témoignent pas de sentiments bien vifs et bien exclusifs.

Il n'y a pas d'antipathie en soi. Toute antipathie est liée à un caractère. Les pessimistes sincères sont plutôt enclins à la sympathie. Les âmes douloureuses ne voient en effet chez tous les hommes que des compagnons de misère et de malheur. Rien ne peut mieux combattre l'antipathie que cette vision de la souffrance et de la mort ¡suspendues sur tout ce qui respire. Chez le misanthrope, à force de se répandre, l'antipathie s'émousse. Elle est un indice du manque de plasticité de l'esprit, d'une certaine étroitesse de vues, jointe à l'excitabilité du caractère. Pour de belles et larges intelligences, qui sont comme un miroir du monde, l'antipathie n'a pas de raison d'être. Gœthe remarque que tous les hommes sont parfaits chacun dans leur genre, en ce sens qu'ils sont tout ce qu'ils peuvent être et qu'étant ainsi ils ne sauraient être autrement. Quoi de plus absurde que de reprocher au crabe de la mer de ne point posséder les ailes de l'oiseau de paradis. Mais un sens esthétique ou moral affiné, joint à des nerfs trop délicats, met ces réflexions en déroute. Les femmes surtout sont susceptibles d'antipathie et savent donner une séduction même au pli dédaigneux de leurs lèvres.

L'antipathie, remarque en terminant M. Ribot, joue le rôle le plus utile pour la conservation des individus et des groupes, elle crée l'opposition, l'antagonisme. La sympathie est une imitation, un élargissement de la vie affective et intellectuelle, une sorte de conquête, qui nous dépouille de notre originalité, de notre moi strictement individuel; elle a quelque chose d'analogue à la suggestion, à l'envahissement d'un être par un autre : elle tend à absorber l'individu, à le noyer dans l'ensemble. Les religions d'Orient, les philosophies panthéistes, ajoutons les démocraties égalitaires, favorisent la tyrannie, entretiennent la servitude. L'antipathie, au contraire, garantit l'autonomie de l'individu, l'indépendance de l'association, leur permet de se développer librement dans tous les sens. Elle est un principe de progrès, de renouvellement indéfini.

En dernière analyse, sympathie et antipathie sont indispensables à la vie et au progrès des sociétés. L'idéal d'une république de Platon serait sans doute un État dont les membres, semblables à des instruments variés et multiples, joueraient leur partie comme dans un concert. Pourquoi faut-il que dans la réalité la flûte ne s'accorde pas avec le tambour et que le violon soit à archet tiré avec la contre-basse ? Il suffirait de viser à ce que l'antipathie, corrigée par la prudence, ne dégénère ni en haine, ni en colère, ni en persécution, ni en mépris, à ce qu'elle s'impose la tolérance et qu'elle se tienne dans les sages limites « d'une sympathie imparfaite ».

CHAPITRE VI

LA PHILOSOPHIE INTELLECTUALISTE DE M. FOUILLÉE

LES IDÉES-FORCES

L'éminent philosophe M. Alfred Fouillée a adressé au directeur des *Débats* la lettre suivante, que nous reproduisons à cause de son importance, et dont nous retranchons seulement quelques mots aimables à notre adresse :

« M. J. Bourdeau, en rendant compte naguère de ma *Morale des idées-forces*, et tout récemment du beau livre de M. Ribot sur les *Problèmes de psychologie affective*, a semblé me prêter à deux reprises, sur les *idées-forces*, une doctrine tout intellectualiste qui n'est nullement la mienne. Qu'il me soit permis de rétablir ma vraie pensée sur une question qui offre un intérêt général : la portée pratique de l'intelligence.

« Je n'ai jamais cru qu'une idée pût avoir de la

force sans éveiller le désir, et, avec le désir, des mouvements ou tendances motrices qui surgissent des profondeurs de la vie organique et affective. Dans les deux volumes que j'ai publiés sur la *Psychologie des idées-forces*, j'ai toujours soutenu l'unité indissoluble de ces trois fonctions mentales : *idée*, *émotion* et *appétition* avec tendances motrices. C'est précisément parce qu'une idée n'est pas un pur état intellectuel, « un pur concept abstrait », qu'elle a une force et implique, avec une évocation de sentiments sous-jacents, des débuts de mouvements en un sens déterminé. Que de fois j'ai répété qu'une idée pure, selon l'expression de Malebranche, ne remuerait pas un fétu. La théorie des idées-forces, en refusant de séparer la théorie et la pratique, me semble avoir devancé sur bien des points le pragmatisme, mais sans tomber dans les paradoxes américains. Pour M. William James et les pragmatistes, une idée est vraie parce qu'elle est efficace ; pour moi, au contraire, elle est efficace parce qu'elle est vraie, ou renferme des éléments de vérité relative et de possibilité.

« Quelle est maintenant la différence entre la doctrine des idées-forces et les doctrines de M. Ribot ou de M. Bergson sur la vie affective que M. Bourdeau semble m'opposer? C'est que pour ces deux éminents philosophes, si différents sur les autres points, il y a. semble-t-il, une cloison étanche entre la vie affective et la vie intellectuelle : sentir et connaître sont pour eux, comme dit M. Bourdeau en résumant leur théorie, deux manifestations totale-

ment différentes et indépendantes l'une de l'autre
dès l'origine, si bien que la pensée est un phénomène superficiel, surajouté, surérogatoire, qui ne
tient pas aux intimités souterraines de l'être. La
source de la vie jaillit en pleine obscurité, et la lumière de la pensée, qui la rend plus tard diaphane,
ne modifie pas le cours d'une seule de ses gouttes
ou n'en éclaire que la surface. Pour ma part, à tort
ou à raison, je ne puis admettre cette division de
l'homme en deux, cette dualité absolue et originaire
de la vie. Le principe essentiel de la psychologie
des idées-forces est, encore un coup, l'unité inséparable entre *penser, sentir, vouloir* et *mouvoir*. Jusque
dans les états de conscience affective les plus rudi-
mentaires, cette philosophie constate un certain discernement des différences et des ressemblances, une
vague perception qui est le germe de l'idée, une
certaine émotion qui est le germe du sentiment, une
certaine appétition ou impulsion motrice qui est le
germe de la volonté. On ne peut ni penser sans sentir et vouloir, ni vouloir sans penser et sentir. Tout
dualisme est ici artificiel : dans le discernement il y
a déjà préférence ; dans la préférence dès le début
il y a déjà discernement. La vie affective est grosse
de la vie intellectuelle, dont elle renferme les rudi-
ments enveloppés ; dans la vie intellectuelle, les sensations perceptives et affectives viennent s'épanouir
en sentiments de toutes sortes, attachés chacun à
une idée : sentiment du bien, sentiment du beau,
amour de la famille, de la patrie, de l'humanité.
Supprimez ces idées, tous les sentiments tombent

avec leur objet ; ils n'ont plus ni existence distincte,
ni raison d'être. ni direction, ni but. D'autre part, il
est trop clair que si les idées demeurent à l'état
d'abstractions, froides et mortes, c'est-à-dire, au
fond, à l'état de *mots* que la bouche seule prononce
(le *psittacisme* de Leibnitz), elles seront sans force
efficace sur la conduite. Encore les mots sont-ils
toujours prêts à éveiller les idées dormantes, et,
après les idées, les impulsions auxquelles elles mar-
quent un but. On a bouleversé le monde avec des
mots...

« Regardons autour de nous : ne voyons-nous pas
des sentiments séculaires s'affaiblir, comme le pa-
triotisme, sous l'influence des idées qui les dissol-
vent ? M. Bourdeau y fait lui-même allusion. Que
deviendra le sentiment de respect envers la propriété
chez celui qui sera bien persuadé, pour des raisons prétendues démonstratives, que la propriété c'est le
vol ? La diffusion des théories prétendues malthu-
siennes, qui représentent la stérilité voulue comme
une œuvre pie, ne sont-elles pas pour rien dans la
désastreuse diminution de la natalité ? Ne paralysent-
elles pas les idées qui auraient pu servir de frein aux
sentiments et calculs égoïstes ? Les idées, tour à tour,
ouvrent ou ferment les voies aux torrents d'impulsions qui s'accumulent en nous. Les religions, quelles
qu'elles soient, toutes les religions, auxquelles on ne
saurait dénier la connaissance psychologique de la
nature humaine, ont admis la valeur et l'efficacité
pratique des « bons principes », des « doctrines
vraies », sans jamais nier pour cela l'influence né-

cessaire du « cœur » et de la « volonté ». Le cœur sans la pensée est aveugle et la pensée sans le cœur est paralytique.

« Je persiste donc à croire que toute philosophie serait factice qui couperait la vie en deux, séparerait le cerveau du corps, la vie intellectuelle de la vie affective, mettrait l'instinct et le sentiment d'un côté ; la pensée et l'idée de l'autre. Là où certains philosophes voient dès le principe une différence de nature, je ne puis apercevoir qu'une différence de degré ; je ne puis voir en nous, ni en dehors de nous deux ou trois *facultés* distinctes, selon l'ancienne philosophie scolastique : penser, sentir et vouloir sont pour moi dès l'origine une seule et même évolution réglée, dont les aspects divers, résultant de relations diverses, ne doivent jamais être séparés. La philosophie des idées-forces poursuit partout cette unité profonde et radicale qui, si je ne me trompe, est la vie même. »

Nos lecteurs nous sauront gré d'avoir fourni à M. Fouillée l'occasion d'écrire cette lettre éloquente. Vu l'importance du sujet, nous y ajouterons ces quelques notes.

Que faut-il entendre au juste par *idées-forces*? S'agit-il de la force que nos sentiments donnent aux idées ou bien d'une vertu qu'elles posséderaient par elles-mêmes d'agir sur la volonté? M. Fouillée, à travers son œuvre, nous semble avoir flotté entre ces deux conceptions et s'être arrêté finalement à la seconde. M. Fouillée estime que la vigueur d'impulsion des sentiments peut leur venir des idées, tandis

que nous inclinerions vers l'opinion contraire, et
cela hors de toute théorie préconçue sur l'unité ou
la dualité de l'âme humaine : nous prétendons nous
borner à la simple observation des faits.

Notez qu'il ne s'agit pas ici d'une vaine dispute
d'écoles. Selon la solution donnée au problème, des
conséquences pratiques, d'une portée considérable,
en découlent sur des versants opposés. La doctrine
des idées-forces domine en France notre enseignement public. Dans son dernier livre sur *la Démocratie politique et sociale*, M. Fouillée, tout en critiquant
les abus du régime actuel, attribue aux principes
impliqués dans l'idée de République une efficacité
souveraine, curative. Le préjugé démocratique veut
que l'instruction possède pareillement une puissance
éducative : il suffit d'enseigner la morale pour enga-
ger les jeunes gens dans une droite manière de
vivre ; éclairer les esprits c'est améliorer les cœurs.
Nous croyons remarquer, au rebours, que la culture
intellectuelle rend surtout l'individu habile à satisfaire ses tendances. Les progrès de la criminalité
parallèles à ceux de l'instruction populaire n'a que
trop d'action, lorsqu'elle s'exerce dans le sens des
instincts, des passions : elle est stérile en bons résultats, quand il s'agit de les refréner, de les disci-
pliner. La pédagogie anglaise, germanique, américaine se fonde sur une doctrine opposée, s'appuie
sur d'autres méthodes. Ce n'est pas en soignant les
feuilles de l'arbre qu'on peut atteindre les racines.
Les qualités de l'esprit restent sans influence sur le
caractère. La valeur de l'homme et du citoyen réside

moins dans les idées et les diplômes que dans l'énergie de sa volonté, dans l'empire qu'il est susceptible
d'acquérir sur lui-même. Depuis une trentaine
d'années cette façon de voir se répand en France,
mais elle n'a pas atteint les couches officielles. Vous
la trouverez exposée dans *la Psychologie de l'éducation, la Psychologie politique et la Défense sociale* du
docteur G. Le Bon.

M. Fouillée nous dit que les religions ont toujours
cru à l'efficacité des bons principes, des doctrines
« vraies ». Il oublie d'ajouter que ces bons principes, ces vraies doctrines ont pour support la terreur et l'amour, la sanction divine des peines et des
récompenses, l'exemple, la répétition, l'habitude.
Apôtres et prêtres ne sont écoutés, suivis, obéis,
que parce qu'ils parviennent à gagner l'admiration,
la sympathie, la confiance, le respect des fidèles. La
force persuasive des idées est infiniment moindre
que celle qui leur vient des sentiments qu'inspirent
les éducateurs. Si le duc de Bourgogne se fût con-
tenté de lire les écrits de Fénelon, eût-il amendé son
naturel ? De même l'influence d'un orateur est toute
personnelle, incommunicable. Le 25 février 1848,
Lamartine arrêta le drapeau rouge. Croit-on que son
discours répété par un phonographe eût remporté le
même triomphe ?

Nous nous gardons de nier les effets de la propa-
gande, de la contagion des idées, mais elles doivent,
pour germer, tomber sur un sol favorable : elles ne
s'épanouissent que sur un *humus* propre à recevoir
la bonne ou la mauvaise semence. Est-ce l'idée d'éga-

lité qui s'empara de Rousseau et le prit comme interprète ? N'est-ce pas plutôt la pauvreté, la souffrance,
l'orgueil qui exaltaient ce demi-fou plein de génie,
lorsqu'il jeta le cri retentissant d'égalité destiné à
trouver tant d'écho dans le peuple opprimé. Encore
aujourd'hui, après un siècle, remarque M. Lanson,
les idées de Rousseau, démocratie égalitaire, suffrage universel, écrasement des minorités, revendi-
cations des partis extrêmes, guerre à la richesse, à
la propriété, sont toujours dominantes. Mais ces
idées ne sont pas nouvelles, elles ne font qu'exprimer des sentiments assoupis par la résignation à un
ordre qui paraissait immuable : elles se réveillent
dans toute leur colère, dès que la foule se croit maîtresse du pouvoir.

L'idée que la propriété est un vol possède-t-elle
par elle-même une force subversive? Assurément
non, si elle s'adresse à une assemblée de proprié-
taires. Exposée, répétée à satiété à des prolétaires,
la même idée leur apparaît comme l'éclatante justification de leurs secrètes convoitises, et n'agit sur
eux que pour ce motif. Il en est de même de la pro-
pagande malthusienne : pour des populations dont
les enfants sont la seule richesse, elle reste inoffen-
sive. L'antipatriotisme, si accessible aux ouvriers
déracinés des usines, trouve dans les pays de fron-
tière un public réfractaire. Les idées de réforme ne
gagnent du terrain qu'à mesure que s'élargit le
cercle de ceux qui souffrent des abus.

En un mot, le spectacle de la réalité nous conduit
à juger que les sentiments sont les maîtres et les

idées leurs humbles servantes. Les sentiments nous poussent où ils veulent aller : l'intelligence, la raison éclairent la route, signalent les difficultés, les périls, les fondrières et les précipices, font appel à d'autres sentiments, à notre circonspection, à notre prudence, au souci d'une bonne renommée, à l'estime de nous-mêmes ; mais elles ne possèdent en elles-mêmes ni frein, ni pouvoir d'arrêt. Les passions ne se limitent et ne se contraignent que si elles sont tenues en bride ou en échec par des ligues de sentiments et de passions adverses.

Enfin, M. Fouillée se refuse à admettre le dualisme qui sépare l'intelligence de l'affectivité, de la volonté. Hélas ! à qui n'arrive-t-il pas de penser d'une manière et d'agir d'une autre manière : *Video meliora...*

A propos de la remarquable lettre de M. Fouillée nous avons reçu d'un correspondant anonyme la réplique suivante :

« Monsieur,

« Votre réponse à M. Fouillée me paraît sujette à discussion. M. Fouillée ne dit pas que la pensée agit seule, d'elle-même. Elle éveille le désir, avec le désir le mouvement. Et en effet, la pensée est une force, la plus grande de la nature. Elle est une forme capitale de l'énergie universelle. Comment dès lors serait-elle passive ?

« Je veux bien qu'il y ait une part de vrai dans le matérialisme historique, mais très restreinte. Les facteurs économiques, affectifs et autres, éveillent la pensée, la sollicitent. Mais une fois lancée, elle agit comme toute autre force. Ce n'est pas qu'elle soit plus absolue que les autres, qu'elle surmonte tous les obstacles naturels. Certes ! le croire serait de l'optimisme, et l'optimisme est une naïveté, et d'ailleurs il y a de l'irrationnel et du contingent au fond des choses.

« Mais votre théorie se ramène au concept matérialiste de la conscience épiphénomène (1) que je n'ai jamais pu comprendre, pas plus que le matérialisme même, bien que je sois réfractaire à toute théologie.

« La conscience est ou elle n'est pas. Si elle est (le contraire est inconcevable) elle est cause autant qu'effet ; elle est facteur dans la trame des événements.

« Il en est ainsi de l'intelligence elle-même, car la conscience n'est que l'intelligence repliée sur soi, se prenant pour objet.

« Quand, d'autre part, l'on soutient que la culture intellectuelle est dangereuse, autant dire que la meilleure condition de moralité c'est l'ignorance et la bêtise, ce qui n'est pas flatteur pour la moralité. Car enfin si la vertu était habituellement, fatalement en contradiction avec l'intelligence cultivée, il faudrait en conclure qu'elle n'est pas fondée. Et si elle

---

(1) *Épiphénomène*, c'est-à-dire phénomène additionnel, non constitutif de l'activité mentale.

a une raison d'être, si elle est une condition de vie sociale, n'est-ce pas la raison qui le reconnaît, qui ainsi le justifie?

« Nos modernistes et pragmatistes traditionnalistes et autres ont beau s'élever contre la raison, ils le font en raisonnant, en faisant appel à cette même raison, qu'ils abominent. C'est un cercle. Si la raison ne vaut rien, leurs propres constatations s'écroulent. On le sait bien, mais des intérêts affectifs s'opposent à ce qu'on l'avoue.

« Sentiments distingués.   V. V. »

On ne saurait mieux condenser la pensée de M. Fouillée. Ajoutons de nouveau à cette seconde lettre quelques notes et éclaircissements, en écartant tout d'abord l'étiquette *matérialiste* appliquée à notre thèse par notre correspondant anonyme ; rappelons-lui que cette thèse a été émise à propos d'une concordance entre les conclusions idéalistes de M. Bergson et les conclusions physiologiques de M. Ribot sur la conscience affective.

Notre correspondant ne tient aucun compte des données nouvelles apportées en psychologie par la découverte si précieuse de la vie inconsciente, du *moi subliminal*. Nous le renvoyons à la *Philosophie de l'Inconscient* de Hartmann (1), et nous résumons à son usage le chapitre sur *l'Inconscient dans le caractère et la moralité*.

(1) La traduction française de M. Nolen est malheureusement épuisée : 1877.

La volonté, écrit Hartmann, la puissance intérieure par laquelle l'homme se détermine à faire ou à ne pas faire, ne prend une détermination spéciale, ne passe à l'action extérieure que si elle est excitée par une cause, si elle trouve une raison suffisante d'agir dans un *motif* qui prend toujours la forme de la re- présentation d'une chose dans l'esprit, d'une *idée*.

Si le choix de la volonté, remarque M. Joussain sur le même sujet, ne dépendait que des motifs ap- parents, des idées claires, la psychologie serait très simple. Le mécanisme serait le même dans chaque individu. Connaissant nos sentiments au moyen de nos idées, nous nous servirions de ces idées pour di- riger et régler notre conduite. Tous nos sentiments et tous nos désirs pourraient être subordonnés aux conceptions de notre esprit. Notre caractère s'expli- querait par nos principes, et comme la direction de notre pensée dépend de notre volonté, nous n'au- rions aucune peine à modifier nos goûts, nos sym- pathies ou nos antipathies, nos sentiments, nos dé- sirs : l'empire de la raison serait assuré (1).

Mais l'expérience nous manifeste à chaque pas que la même idée agit d'une façon très différente, suivant la variété des individus, ou, dans le même individu, selon les dispositions de l'heure présente. Celui-ci fait le plus grand cas de l'opinion qui laisse celui-là indifférent. Tel sacrifie tout à l'honneur, tel autre vend sa conscience pour de l'argent, etc., etc. La seule influence que nous percevions, c'est l'attente

(1) *Romantisme et Religion*, par ANDRÉ JOUSSAIN, p. 169, Paris, F. Alcan, 1910.

d'un grand ou d'un petit plaisir. Mais pour des causes mystérieuses et inexpliquées, qui viennent des profondeurs obscures de notre être, cette attente de plaisir, cette tendance vers ce qui agrée le plus s'attache aux objets les plus opposés : sciences, richesses, femmes, voyages, vertu, alcool, etc. L'idée se trouve en face d'une volonté *préexistante*, d'où elle tire son attrait, sa force motrice.

Cette volonté préexistante, nous sentons l'impossibilité de la connaître tout entière, et par conséquent de la régler. A chaque instant surgissent en nous des émotions indéfinissables, dont les motifs demeurent inconnus. Dans des circonstances prévues par nous, nous agissons d'une manière contraire à toutes nos prévisions. La conduite que telle ou telle personne tiendra en présence de telle ou telle idée, ne nous est dévoilée que par l'expérience.

Si on savait comment un homme répond à l'impulsion de tous les motifs possibles, on connaîtrait son caractère. Mais tout caractère renferme une part d'inconnu et d'inconscient, parce qu'il est constitué par des états affectifs, non par l'activité intellectuelle, toujours consciente. Il n'y a qu'un critérium certain pour connaître la nature spéciale de la volonté, qui constitue l'originalité de chacun, c'est l'action. Comme la paille au vent, la résolution la plus fermement arrêtée, le projet le plus assuré, se dissipent au souffle de l'action. Par l'action la volonté émerge soudainement de la nuit de l'inconscient, des ténèbres du *moi subliminal* et entre dans le champ lumineux de la conscience. Si l'homme

ne se décide pas à l'action, parce que l'impossibilité
de l'exécution demeure présente à ses yeux, il n'arrive
pas à savoir sûrement ce qui se passe dans le fond de
son cœur.

Ce fait d'expérience journalière est la justification
éclatante de la philosophie de l'action, du *pragmatisme*, dont notre correspondant anonyme parle avec
tant de dédain. C'est en agissant nos idées que nous
éprouvons leur force. Notre vraie nature ne se révèle
à nous que par une induction tirée de nos actes, non
de nos idées, de nos croyances, de nos principes, de
nos intentions généralement flatteuses pour notre
amour-propre. Seuls nos actes nous découvrent à
nous-mêmes. Cette révélation même de notre caractère, tel qu'il résulte de l'hérédité la plus lointaine
et de tant d'influences enchevêtrées, reste toujours
incomplète. Nous ne pouvons jamais nous rendre
compte de quoi nous serions capables en bien ou
en mal, à moins que nous n'ayons traversé des
épreuves de toutes sortes, de grandes vicissitudes,
des alternatives de pauvreté et de richesse, des
guerres, des révolutions.

Essayons maintenant de donner avec Hartmann
une réponse à la question discutée depuis le temps
de Platon, si la moralité peut s'enseigner, s'il suffit
d'exposer des vérités morales pour incliner les
hommes à bien vivre. La pédagogie pratique n'a jamais mis en doute que sans l'habitude, sans cette
répétition constante des mêmes actes, sans cette
sorte de dressage qui débute par la crainte et par la
contrainte, et qui fait que des dispositions acquises

deviennent inconscientes, jouent le rôle de la nature, nous forment une seconde nature, que — sans ce dressage — l'enseignement de la morale ne sert qu'à édifier les bonnes âmes. La connaissance la plus parfaite de la morale, réduite à elle seule, n'est qu'une connaissance stérile, car il ne s'agit pas seulement de faire comprendre le bien, il faudrait le faire aimer et pratiquer. Les hommes qui parlent le plus souvent de théories morales sont souvent aussi ceux dont le caractère est le moins moral, sans qu'on puisse les accuser cependant d'hypocrisie professionnelle. Notre idéal, c'est souvent notre lacune : les idées nobles ne sont pas nécessairement des idées-forces.

Notre correspondant nous soupçonne d'assimiler l'exercice de la vertu à la bêtise. Nous en sommes fort éloignés. Il y a des génies de la science et de la sainteté, témoin Pascal. Souvent aussi des hommes de l'esprit le plus profond ou le plus fin, brillent par leur immoralité ; exemples : Bacon de Verulam et le prince de Talleyrand. Au contraire la moralité la plus pure se rencontre chez des êtres d'intelligence médiocre ou de culture bornée : les lauréats du prix Monthyon ne se recrutent guère parmi les intellectuels de marque. Les époques de culture raffinée ont été en même temps des époques de corruption profonde ; tels les Grecs et les Romains décadents, les Italiens de la Renaissance, les gens de lettres et l'aristocratie de cour à la fin du dix-huitième siècle.

La morale la plus austère, celle de Kant, est officiellement enseignée en France ; elle se traduit dans

nos mœurs publiques par la morale de Robert Ma-
caire.

Malgré ses échecs lamentables en matière d'éducation (1), le préjugé rationaliste, si répandu parmi
nous, reste le *Credo* de nos éducateurs patentés. Or,
voici ce qu'en pense Herbert Spencer, et avec lui
les Anglais, d'ordinaire si bons psychologues :

« L'intelligence, écrit Spencer, n'est pas un pouvoir, c'est un instrument; elle n'est pas une chose qui
meut mais une chose qui est travaillée (*worked*) par
des forces qui sont derrière elle. Dire que les hommes
sont gouvernés par la raison est aussi irrationnel
que de dire qu'ils sont gouvernés par leurs yeux. La
raison est un œil, l'œil à travers lequel les désirs
voient le chemin qui les mène à se satisfaire. Édu-
quer la raison, c'est rendre l'œil meilleur, lui donner
une vision plus exacte et plus compréhensive, mais
qui n'altère en rien les désirs secondés, favorisés
par elle. Vous avez beau étendre son horizon, les
passions détermineront encore la direction vers laquelle la raison doit être tournée, les objets sur lesquels elle doit se fixer. L'intelligence sera justement
employée à accomplir ces fins que les instincts et les
sentiments proposent ; la culture de l'intelligence
n'ayant rien fait qu'accroître leur habileté à les accomplir. » (*Social Statics*, p. 389.)

On ne saurait mieux expliquer pourquoi une éducation exclusivement intellectuelle risque d'aboutir
à une éducation dépravée.

---

(1) Voir Dugas, *le Problème de l'éducation*, Paris, F. Alcan, 1909.

Est-ce à dire que nous nous posons en détracteurs de l'intelligence et de la raison, comme l'imagine notre correspondant anonyme ? Rien ne serait plus ridicule. Grâce à ces facultés les plus hautes, l'homme, sous l'empire de la souffrance, du besoin, du désir, de la curiosité, est parvenu à surprendre les secrets de la nature, à en dompter, à en domestiquer les forces hostiles. Mais l'empire que l'homme est susceptible d'exercer sur lui-même, la capacité qu'il peut acquérir de se gouverner soi-même, ne marche pas du même pas que le progrès des sciences. L'intelligence et la raison nous secondent cependant dans cette tâche difficile en ce qu'elles nous présentent des motifs, en ce qu'elles appellent sur la valeur de ces motifs notre attention et notre réflexion sans qu'elles puissent toutefois déterminer par avance lequel de ces motifs l'emportera dans le conflit. Nous devons combattre passionnément nos passions nuisibles, bien que l'issue, comme dans toute lutte, reste incertaine jusqu'à l'acte. La volonté, c'est-à-dire le caractère, l'habitude, décident en dernier ressort. La supériorité de l'intelligence et de la raison consiste à se rendre compte des limites de l'intelligence et de la raison. « Deux excès, dit Pascal : exclure la raison, n'admettre que la raison. »

LA MORALE DES IDÉES-FORCES (1)

Que le lecteur se rassure sur le sujet de ce chapitre, il ne s'agit pas de prédication morale ! Dans
son ouvrage, *la Morale des idées-forces*, M. Fouillée
ne s'étudie qu'à chercher la solution du problème
essentiel en philosophie qui consiste à découvrir *le
fondement de l'obligation morale*, le ressort qui pousse
les hommes à des actes désintéressés, profitables à
leurs semblables, ressort si important à connaître,
lorsque l'éducation est en jeu.

A ce problème que les sceptiques ont comparé à
la recherche de la pierre philosophale, aboutissent
toutes les philosophies, toutes les religions. Les ex-
plications du monde qu'elles nous apportent n'ont
d'autre but que de nous fournir des règles pratiques
de conduite pour le présent et pour l'avenir. On est
allé jusqu'à dire que les dieux de l'Orient et de l'Occident doivent leur existence à la difficulté de fonder
l'obligation morale.

Édifier une théorie morale sur des raisonnements
serait lui donner la solidité d'un château de cartes.
Une seule méthode est applicable à cette recherche,
celle qu'emploie M. Fouillée, la méthode d'observation. Elle consiste à regarder comment les hommes

(1) *La Morale des idées-forces*, par ALFRED FOUILLÉE,
Paris, F. Alcan, 1906.

agissent réellement et à discerner le mobile ou les mobiles qui les portent à des actes auxquels on s'accorde à reconnaître un caractère de moralité.

Devant le spectacle de la mêlée humaine, ce qui frappe tout d'abord, c'est la grande variété des mœurs régnantes et de l'opinion sur ces mœurs, déterminée par la nature des individus et du milieu social où ils vivent. Il existe, à ce point de vue, autant de morales que de groupes, d'associations, de classes, de nationalités, de races (1).

Il y a une morale des pauvres, très curieusement notée dans les monographies de M. Niceforo, une morale des marchands, des soldats, des nobles, des bourgeois, des paysans, etc., toutes inspirées à ces petites sociétés antagonistes par l'instinct de conservation. Même les criminels, les apaches, les voleurs, les Syndicats d'égoïstes ont leurs règles sur l'appui mutuel, sur le partage du butin, et ils exigent que leurs membres s'y conforment et s'y soumettent. Chaque groupe se constitue ainsi « une table d'évaluation des valeurs morales ». Ce que les uns appellent *bien*, les autres l'appellent *mal* et réciproquement. Lisez *la Comédie humaine* : nul mieux que Balzac n'a mis en relief les mœurs et la moralité propres à chaque espèce sociale.

Mais au-dessus de toutes ces morales et en perpétuelle hostilité avec elles, il y a *la* morale, générale, universelle, en protestation éternelle contre les morales particulières, nuisibles aux autres individus et

---

(1) Voir *la Psychologie des peuples européens* de M. FOUILLÉE, F. Alcan, 1903.

à l'ensemble de la société (1). Cette morale, celle des
religions et des philosophies, n'est, pour beaucoup,
que la morale du dimanche, celle qui sert à juger le
prochain, avec laquelle cependant les morales particulières entrent plus ou moins en composition et en
compromis, car un certain degré de moralité est
nécessaire à l'ordre social. Cela ne veut pas dire que
tous ceux qui se soumettent aux prescriptions de la
morale obéissent à des mobiles vraiment moraux,
c'est-à-dire désintéressés. Des raisons égoïstes, l'os-
tentation, l'intérêt, la crainte de l'opinion, le souci
des conséquences, l'espoir des rétributions, l'effroi
des châtiments futurs, peuvent les déterminer. On
ne saurait qualifier de vraiment moraux que les actes
de justice libre, de pur amour du prochain, de probité scrupuleuse, de magnanimité véritable, étrangers à toute considération personnelle. C'est à expliquer ces actes, à les ramener à leur cause première,
que s'attachent les philosophes.

Les réponses qu'ils nous présentent comme défi-
nitives sont loin de concorder entre elles (2). Voltaire
met en Dieu la source de toute obligation morale :
son déisme n'est qu'une personnification de l'idéal,
afin de lui donner un caractère obligatoire. Kant
fonde la morale sur la seule prescription impérative

---

(1) Voir l'excellent livre *Morale et Société*, Paris, 1907, où
M. G. Fonsegrive examine ces conflits et en cherche la solution.

(2) Voir Fouillée, *Critique du système de morale contemporaine*, F. Alcan, 7ᵉ édition. Du même auteur : *le Moralisme de
Kant et l'Amoralisme contemporain*, F. Alcan.

du devoir, à laquelle il imprime ensuite le cachet d'une loi divine. D'autres visent à affranchir la morale de toute théologie déguisée et rattachent les impulsions altruistes à des sentiments innés dans l'homme. Adam Smith les explique par sympathie, Schopenhauer par la pitié, Helvétius et son école les ramènent à l'amour-propre qu'il ne faut pas confondre avec l'égoïsme (tout pour moi, rien pour les autres) ; l'amour-propre a besoin des autres, de se les attacher, de les servir, pour se concilier leur estime et la sienne propre, pour se satisfaire pleinement. Enfin la psychologie la plus récente, celle de Th. Ribot, de Guyau, explique la genèse des sentiments altruistes par une surabondance de force vitale, le besoin de se *dépenser*, de se répandre, « de vivre, selon l'expression de Guyau, la vie la plus intense et la plus expansive », sans qu'il y ait obligation ni sanction (1).

Ces diverses formules, plus ou moins contradictoires, inspirées par l'obstination des philosophes à tout ramener à l'unité, découlent très logiquement des systèmes respectifs auxquels elles se rapportent. Tel est aussi le cas de la morale de M. Fouillée. M. Fouillée, est-il besoin de le dire ? appartient à cette catégorie de penseurs qui se détournent d'une morale transcendante, dépendante des théologies et des métaphysiques, pour tenter d'établir une morale immanente, c'est-à-dire qui plonge ses racines dans la nature humaine, qui prend, par conséquent, les

(1) GUYAU, *Esquisse d'une morale sans obligation*, 8ᵉ édition, F. Alcan.

faits pour point de départ, morale, en un mot, vraiment scientifique. Il est nécessaire, pour la comprendre, de rappeler sa *Psychologie des idées-forces* (1).

Voici en quoi elle consiste : le sentiment, la pensée, la volonté, que l'ancienne psychologie se plaisait à opposer, ne sont pas séparés en nous. Tout fait psychologique possède une force impulsive, toute pensée tend à se réaliser en acte. *Sentir, penser, vouloir*, qui ne font qu'un, chez l'enfant, chez le sauvage, ne semblent séparés de *mouvoir* que dans la conscience adulte. Nous pouvons sans doute nous figurer un mouvement de notre corps sans l'exécuter réellement, mais alors nous arrêtons un mouvement qui avait été ébauché par cela même qu'il avait été représenté, conçu. La séparation du penser et du vouloir n'est pas primitive, elle est acquise ; elle provient d'un conflit de représentations ou de sentiments, par cela même d'une impulsion qui produit un arrêt, lequel, d'ailleurs, n'est jamais complet, parce que le mouvement externe se traduit en mouvement interne.

Les idées enveloppent ainsi des sentiments et des impulsions, ou plutôt les sentiments et les impulsions se traduisent par des idées qui les éclairent et qui leur donnent, avec une intensité nouvelle, une nouvelle direction. Les idées ont une puissance qui les porte à se réaliser. Elles sont des causes ou des forces capables de modifier la réalité en vue de l'idéal, dont elles sont la formule agissante et vivante.

(1) Deuxième édition, F. Alcan.

Ce n'est donc pas cesser de se baser sur des faits d'expérience, que d'envisager la force des idées. — Or, parmi ces idées, il y a celle de moralité ou de désintéressement en vue du tout. Qu'elle corresponde ou non à une réalité, elle existe assurément dans notre esprit, et il s'agit de savoir si elle ne peut pas se réaliser en se concevant. L'idée de moralité sort d'après M. Fouillée des profondeurs mêmes de la conscience de soi qui implique l'idée d'autrui ; et elle est par essence altruiste. Il faut compléter le *Je pense, donc je suis*, de Descartes, par *je pense, donc nous sommes*, ce qui fait jaillir la moralité de la pensée repliée sur elle-même.

En conséquence, la moralité est inhérente à notre nature, en notre qualité d'êtres pensants. Elle n'est pas artificielle, factice, provisoire et transitoire comme le croient les disciples de Stirner et de Nietzsche. De plus, elle n'est pas inactive. Elle trouve en elle-même son moyen de *réalisation progressive*. Telles sont les bases psychologiques de la morale, qui n'excluent pas mais au contraire appellent les bases sociologiques et leur confèrent une vraie valeur.

M. Fouillée ramène en dernière analyse cette idée-force de moralité à la bonté, à la formule chrétienne de ne pas faire à autrui ce que nous ne voudrions pas qui nous fût fait ; et M. Fouillée nous offre ainsi une synthèse de toutes les morales philosophiques ou religieuses, qui toutes découlent de l'idée-force de moralité et ne pourraient exister sans elle.

Enfin M. Fouillée prétend justifier sa thèse d'une

réalisation progressive de l'idée-force de moralité, par le fait même des progrès de l'esprit humain. La marche de l'évolution historique amène une amélioration générale. Malgré les côtés d'ombre, la démocratie, par l'égalité des droits, donne sa valeur à la personne humaine, le socialisme vise à plus de bien-être pour les classes pauvres, l'impérialisme apporte aux peuples barbares les bienfaits de la civilisation, les religions s'épurent, la science et l'art suscitent des dévouements de plus en plus nombreux, la croissance même des suicides prouve que l'homme aime quelque chose plus que la vie. Bref, sans se dissimuler tout ce que nos sociétés renferment encore de mal et d'imperfections, M. Fouillée se montre plein de foi en l'avenir. De plus en plus l'idée-force de bonté, de désintéressement, de sacrifice, se donnera libre carrière. Plus intelligent, l'homme se sent plus obligé à collaborer à l'œuvre du progrès...

Le système de M. Fouillée a le mérite d'être parfaitement coordonné. Les objections qu'on pourrait lui soumettre ne se rapportent qu'à son point de départ, à sa conception de l'idée-force.

L'idée pour nous n'est pas une force, un moteur, elle n'est que la lumière projetée sur le motif, dès qu'il surgit dans le champ de la conscience. *L'idée éclaire le motif, elle ne le crée pas ;* elle est le motif devenu conscient. Ces forces d'impulsion ou d'arrêt qui se révèlent à nous sous formes d'idées, s'élaborent, à notre insu, dans ce fond obscur de notre être le plus intime, que nous appelons le tempérament, le caractère. L'intellectualisme de M. Fouillée l'em-

pêche de tenir compte de cette primauté des caractères et de leur extrême variété, depuis la noblesse
jusqu'à la bassesse, l'une et l'autre indépendantes
de l'intelligence. M. Fouillée pose en principe qu'il
y a, chez tout homme intelligent, une idée-force de
bonté désintéressée, d'autant plus prompte à s'exercer que les qualités de l'esprit sont plus développées.
L'expérience nous apprend, à rebours, que les
caractères les moins moraux se rencontrent souvent
parmi les hommes les mieux doués, les plus cultivés
par la réflexion et par la science, tandis que la moralité la plus pure et la plus ferme se manifeste dans
les âmes simples, très médiocres d'intelligence, qui
n'ont jamais médité les problèmes moraux, qui même
se sont trouvées entourées de mauvais exemples.
L'idée religieuse exerce une action grande ou faible,
bonne ou mauvaise, selon le caractère des croyants.
La culture intellectuelle donne de l'élégance à nos
vices, mais reste sans influence sur les actes de bonté
qu'inspire la pureté du cœur (1).

   « La moralité tend à se réaliser par cela seul
qu'elle se conçoit », affirme M. Fouillée. Il ferait
donc mentir l'aphorisme trop souvent vérifié : *Video
meliora proboque, deteriora sequor.* Chez nombre
d'hommes, les motifs altruistes, quand ils existent,
représentent l'idée-faiblesse, et les motifs antimoraux
constituent les véritables idées-forces : telles sont
les passions égoïstes, la cupidité, la volupté, et les
passions diaboliques, l'injure, la dureté, la méchan-

_____

(1) HARTMANN, *Philosophie de l'Inconscient.*

ceté, l'envie, la curiosité, la ruse, la vengeance, la cruauté, la fourberie. Si l'homme, a-t-on pu dire, voyait à nu le cœur de l'homme, il en mourrait à l'instant d'horreur et de pitié.

Sans aller jusqu'à soutenir cette opinion désespérante que les inventions des hommes vont toujours en augmentant, mais que la bonté et la malice du monde en général restent les mêmes, que nos passions ne font que changer de formes, s'émousser seulement, par l'effet de la civilisation, on ne saurait se dissimuler les difficultés surhumaines, la déplorable lenteur dont témoigne la réforme morale du genre humain. Tant de prédications quotidiennes, poursuivies depuis tant de siècles, ne servent peut-être qu'à édifier les bonnes âmes. L'intellectualisme en morale nous semble imprégné de ce préjugé dangereux que la conscience est droite naturellement, que l'homme est droit, et qu'il suffit de faire appel à cette idée de bonté, innée en lui, pour que, au milieu de la fièvre et du tumulte des passions, il persévère dans une droite manière de vivre. C'est, au contraire, une question fort controversée de savoir si la morale est susceptible d'enseignement. L'entreprise capitale, en toute œuvre de l'éducation, n'est pas tant d'éclairer l'esprit, que de pétrir le caractère, l'incliner, le fixer à des habitudes par un long, pénible et patient dressage. C'est pourquoi la morale-art aura toujours le pas sur la morale-science.

Le fondement de l'obligation morale, selon la philosophie de M. Fouillée, ne nous paraît donc pas posséder la généralité que lui attribue son auteur.

L'idée-force de bonté anime, sans doute, les intellectuels généreux ; mais son efffcacité universelle sera certainement contestée par les éducateurs pratiques.

CHAPITRE VII

LE LANGAGE AFFECTIF

Une vive réaction se produit en France, depuis quelques années, contre l'intellectualisme et le rationalisme exclusifs, c'est-à-dire contre une conception de la nature humaine incomplète, inexacte et par suite dangereuse en matière d'éducation, de politique, etc. Les conséquences nuisibles de cet exclusivisme se font sentir dans les sciences qui touchent à la psychologie, par exemple, en matière de linguistique. Un article de M. Meillet, inséré dans le précieux recueil de bibliographie que dirige M. Durkheim, *l'Année sociologique* 1906-1909 (1), attire notre attention sur ce point, en nous signalant les ouvrages très originaux de M. Ch. Bally, *Privat docent* à l'Université de Genève, intitulés *Précis de stylistique* et *Traité de stylistique*, livres scolaires mais conçus dans l'esprit le plus philosophique, et qui mettent

(1) Paris, F. Alcan.

en évidence un ordre de faits que les philologues
négligent entièrement.

Considérant la langue comme quelque chose de
purement intellectuel, ils ne s'occupent guère que
des langues littéraires, enchaînées au passé. Les
langues modernes ne pénètrent ainsi dans l'Université qu'à la condition de se travestir et de se vieillir.
Il faut qu'elles portent perruque pour qu'on les
prenne au sérieux. Or, les langues littéraires sont à
la langue parlée ce qu'est l'eau mise en bouteille à
la source jaillissante, le vin vieilli et dépouillé à la
cuve en fermentation.

Une telle conception du langage est sinon fausse,
du moins très étriquée. A n'étudier que la langue
littéraire, on croirait que le langage ne fait qu'exprimer des idées : c'est bien le cas des livres, des traités
scientifiques, des professeurs, des philosophes, du
haut de leur chaire. Mais la vie de l'immense majorité des hommes n'est pas à base de philosophie :
primo vivere... Le langage parlé est avant tout *affectif* et *pragmatique*. Il est un mouvement de notre
sensibilité, de notre nature, une expression de nos
désirs qui s'adresse à nos semblables afin d'agir sur
eux, et de les incliner à nos fins. Lorsque M. Jourdain prononce ces mots : « Nicole, apportez-moi mes
pantoufles et me donnez mon bonnet de nuit »,
M. Jourdain fait, sans le savoir, de la prose pragmatique et affective.

Chez les animaux, la volonté éclate par l'agitation,
les mouvements, les gestes et les sons. Œuvre merveilleuse de la raison inconsciente, le langage de

l'homme exprime tout ce que son esprit observe, imagine, combine, ses idées et ses jugements, mais sous l'impulsion constante de ses besoins, et le met en communication constante avec les autres hommes pour une activité réciproque et commune.

Le langage enfantin est tout entier affectif et subjectif : il manifeste des joies et des douleurs, des appétits, des sensations. Puis il s'objective, il regarde, il constate, formule des jugements : « Le soleil brille. » Il arrive plus tard à se dépouiller, comme dans la langue scientifique, de tout élément personnel, ou, comme dans la langue littéraire, il peut arriver à rendre dans toute leur pureté des sentiments étrangers. Mais toute idée qui n'est pas, en quelque manière, teintée de sentiment ou d'émotion est un produit de la réflexion, et n'a rien de commun avec l'expression *spontanée* de la pensée.

L'homme moyen, qui peut à la rigueur, quand il en a le loisir, chercher à formuler des idées et des jugements purs, en est incapable dans l'expression soudaine et rapide qui jaillit du fond obscur de sa conscience. Il n'a pas le temps de décrasser sa parole de l'élément subjectif. Il en résulte « que la plupart du temps nous énonçons moins des idées et des jugements sur les choses, que l'impression des choses sur nous ». Quand nous parlons, notre *moi* éclate de toutes parts et, même dans les conceptions les plus générales, il est difficile de ne pas mettre un peu de notre personne, de ne pas trahir, ne fût-ce que par un geste et une intonation de la voix, la part que nous prenons aux choses que nous disons ; et même, si nous échangeons des idées, de ne pas marquer notre amour-propre par notre âpreté à les défendre.

En même temps qu'affectif, le langage est social. Nous exprimons des désirs pour que ceux à qui nous nous adressons nous aident à les réaliser. Par *stylistique*, M. Ch. Bally entend l'étude de la langue que le sujet emploie afin de persuader d'autres individus et d'exercer sur eux son influence,

Or, ce double point de vue est étranger aux recherches des linguistes. Ils ne s'attachent qu'à ce qui est constant dans le langage, le système phonétique (la prononciation) et morphologique (les formes grammaticales). Cependant, cette partie affective et sociale du langage devrait tenir, dans l'étude et la recherche des moyens d'expression, la même place que celle qu'elle occupe dans la réalité, c'est-à-dire la première.

Sous leur forme élémentaire, ces moyens d'expression se réduisent à une mimique, à des gestes appris et imités aussi bien que les mots, mouvements de tête en signe d'assentiment ou de négation, froncement de sourcils, etc. Ces gestes diffèrent parfois de peuple à peuple. Chez les Grecs, le suppliant saisissait le menton ou la barbe de celui dont il implorait le secours : un tel geste serait puni chez nous comme une irrévérence ou une provocation, surtout s'il s'adressait à un chef d'État.

Le langage ne permet l'expression des mouvements les plus personnels de la pensée que par des procédés linguistiques intelligibles à la collectivité. Notre sensibilité particulière et, pour ainsi dire, unique, doit se traduire, pour se faire comprendre, en langage de tout le monde, en langue commune. « On a dit souvent, remarque M. Bally, que la vie est changeante, diverse, insaisissable. C'est une question de perspective. Elle a un fondement immuable et fatal, dans l'arrière-plan nébuleux où se fondent toutes les particularités de la vie individuelle », et cet arrière-plan, cette trame uniforme se manifestent par le langage commun.

Cependant la langue individuelle sait trouver ses modes d'expression propre ; elle modifie le langage collectif en exerçant sur lui une pression constante. Il y a, sur les confins de la grammaire, un territoire fort peu exploré, un ensemble de catégories grammaticales par lesquelles le sentiment cherche à s'exprimer.

Notre pensée oscille entre la perception et l'émotion : nous comprenons et nous sentons ; nous observons objectivement et nous sentons subjectivement. La pensée qui demande à la langue de la refléter exige un jeu d'expressions qui corresponde à son orientation.

Tantôt la dominante est intellectuelle, tantôt elle est affective. La *Grèce antique* rentre dans les définitions techniques ; l'*antique Grèce* est évocatif et affectif. De même le mot *maigre* est simplement descriptif par opposition à *gras*, tandis que *chétif*, *fluet*, *malingre* suscitent une impression de faiblesse, éveillent la pitié. La même observation s'applique à *mauvaise humeur*, comparée à *boudeur*, *grognon ;* à *ignorant* et *ignare*, *colère* et *hors de soi*.

Le langage affectif fuit les abstractions ; il emploie es comparaisons, les images. Au lieu *d'irriter*, il dira *échauffer les oreilles*, et encore *fermer le bec, avoir la tête près du bonnet, payer rubis sur l'ongle*.

Un autre caractère du langage affectif c'est l'exclamation : *Ah ! Oh ! Hein ! Baste ! Quelle horreur ! Dame ! Diable ! Diantre ! Peste ! Parbleu ! J'ouvre la porte ! grand Dieu ! C'était elle !* Les intonations, les modulations de la voix lui sont familières. De là l'importance de la déclamation théâtrale qui prête aux mots les pulsations du cœur.

L'affectivité dans le langage a je ne sais quoi d'inégal ; elle emploie les inversions, modifie la syntaxe : *Il est d'un bon, ce Paul ! Ce que je vous dis là, c'est dans votre intérêt.* Ou l'ellipse : *Vous, déjà ! — Me laisserez-vous tranquille, à la fin ?*

Le caractère le plus saisissant du langage affectif, c'est l'exagération. L'égoïsme, fruit naturel des besoins et des désirs qui nous dévorent tous tant que nous sommes, nous oblige à tout rapporter à nous-mêmes, à notre moi, à notre bien-être. Cette poussée individuelle porte toujours l'expression à ses extrèmes limites, et cela jusqu'à l'absurde, dans les plus petites choses : *Il fait le plus beau temps du monde. On ne saurait rien imaginer de plus laid. On étouffe ici ! On n'y voit goutte. Je veux être pendu si j'y comprends quelque chose. Prenez-vous du lait dans votre thé ? — Oh ! à peine une goutte, une larme, un nuage...* Mais si l'on nous a causé le moindre tort, cela devient sérieux : c'est *d'une crasse,* d'*une canaillerie,* d'*une cochonnerie* que nous sommes victimes.

On exagère le langage pour s'imposer aux **autres,** on l'atténue pour les ménager. Cette atténuation est le plus souvent inconsciente. Elle résulte de la nécessité de conservation de l'état social qui doit entretenir l'illusion que la société repose sur des principes de morale et des sentiments de bienveillance réciproque. De là les formes obligées de politesse, les mots interdits, les euphémismes.

Les types d'atténuation les plus marqués s'appliquent aux expressions dangereuses sous forme de jugements portés sur les autres. *Malhonnêteté, déloyauté, mensonge* s'estompent en *contre-vérité, indélicatesse. Filou, crapule, fripouille, bandit,* se métamorphosent en *peu consciencieux, peu scrupuleux. — Vous mentez effrontément,* se transpose en : *Est-ce bien exact ? Êtes-vous bien sûr de ce que vous avancez ?* L'atténuation n'est qu'une exagération à rebours.

L'atténuation et l'exagération définissent le classicisme et le romantisme. Sous l'ancienne monarchie, la société polie dictait, imposait une langue pleine de réserve. Si les mœurs étaient dépravées, le langage restait mesuré. La Révolution vint briser ces cadres vermoulus : en forçant, en variant l'expression, sans le moindre souci des traditions et des convenances, romantiques et réalistes témoignèrent du triomphe de l'individu.

Le contraste entre la contrainte de la conversation et la parole intérieure, toujours spontanée, involontaire, éclate dans certaines névroses, où le malade ne peut refréner l'expression toute crue de ses sentiments secrets et tient des propos de ce genre : *Je suis charmée de vous voir : l'animal ! va-t-il m'assommer longtemps !...* Un pessimiste, Dostoiewski, met cette pensée dans la bouche d'un de ses personnages : « Si tous les sentiments paraissaient au jour, ils exhaleraient une telle puanteur que le monde entier en serait asphyxié. » Cette odeur nauséabonde infecte trop souvent le langage affectif.

Dans la parole spontanée se reflètent le nature de l'homme, ses besoins, ses aspirations, son caractère et aussi sa société, son milieu. Un des chapitres les plus suggestifs dans l'œuvre de M. Bally traite de *la langue commune et des milieux* qui, sans cesse, l'altèrent et la modifient, sous les formes constantes de la vie humaine et de la vie sociale; des groupements limités donnent aux mots des sens particuliers, évocateurs de ces milieux. Le milieu repose sur l'affinité consciente ou inconsciente qui existe dans des groupes d'individus reliés par la communauté de la condition, de l'activité de la pensée, les occupations, la profession, les habitudes. Chaque groupe se reflète dans ses expressions, ses tournures de phrase, son dialecte, son argot. Un individu se classe par le langage de son milieu, ou bien il élude ce classement en adoptant le langage d'un autre milieu. Appartenant à plusieurs groupes, nous tenons dans chacun des propos différents, en termes appropriés. Du fumoir au salon les pensées reprennent un masque décent.

De même que le costume, les manières et les gestes, le langage vous classe. Une Anglaise du meilleur monde disait un jour qu'elle jugeait de la qualité d'une personne non d'après son visage et sa toilette, mais à la finesse de ses extrémités, gants et chaussures. Le langage révèle mieux la personnalité de chacun. Quiconque emploie des formules vulgaires, *plein comme un œuf, trempé comme une soupe*, se range parmi les plats bourgeois d'Henri Monnier. La délicatesse, l'élégance du goût, se trahissent dans le parler par l'usage constant des nuances, des euphémismes.

Donnons en terminant deux exemples de la langue contrastée des milieux. Lisez dans les Oraisons funèbres de Bossuet le tableau, plein de majesté funèbre, de la mort de Madame : « Oh ! nuit désastreuse ! Oh ! nuit effroyable, où retentit tout à coup, comme un éclat de tonnerre, cette étonnante nouvelle : Madame se meurt, Madame est morte... » et rapprochez-le du récit de la mort du duc de Mora, dans *le Nabab* de Daudet :

Le duc, après la consultation des médecins, dit à son ami Monpavon :

« Ah ! tu sais, pas de grimaces... De toi à moi, la vérité... Qu'est-ce qu'on a dit ? Je suis bien bas, n'est-ce pas ?

— Foutu, mon pauvre Auguste. »

Le duc reçut cela en plein visage, sans sourciller.

« Ah ! » dit-il simplement.

Ces deux lignes de dialogue, si évocatrices, offrent un modèle de ce langage affectif que M. Ch. Bally analyse avec tant de pénétration et recommande à l'étude des philologues.

CHAPITRE VIII

L'ESTHÉTIQUE AFFECTIVE

Dans son Apologie de Platon, M. Faguet nous
donnait ce conseil : au milieu d'une civilisation toute
matérielle, qui ne serait pas très éloignée de la barbarie, suivez du moins une religion philosophique,
vivez de la vie de l'esprit, ayez le culte des idées
désintéressées. M. Fierens-Gevaert nous tient à peu
près le même langage ; son *Histoire générale des
théories esthétiques* (1) de Platon à Taine, de saint
Thomas d'Aquin à Ruskin, nous détourne, pendant
quelques instants, de la laideur avilissante qui règne
dans la vie publique, et nous conduit jusqu'aux
temples pleins de sérénité où les philosophes et les
artistes de toutes les écoles et de tous les temps ont
disserté sur la Beauté, sur la nature, l'objet et la
mission de l'art.

A notre connaissance, M. Fierens-Gevaert est le
premier qui ait entrepris cette étude d'ensemble, du

(1) *Histoire de l'esthétique*, Bruxelles, 1905.

moins en France et en Belgique. Ce résumé d'un cours professé à Bruxelles nous présente de la façon la plus claire et la plus exacte, selon l'ordre historique, les variations du goût suivant les peuples et les époques. A travers tant de nuances, on aperçoit sans doute deux courants principaux, les idéalistes et les réalistes, l'esprit qui a inspiré la Madone de Dresde, et la conception d'où est sortie la Kermesse du Louvre. Mais l'esthétique, la science qui détermine les caractères du Beau, dans les productions de la nature et de l'art, se lie à la philosophie générale et à l'art dominant, dans les cinq grandes époques, grecque, gréco-romaine et alexandrine, moyen âge, Renaissance et temps modernes.

L'espace nous manque pour suivre M. Fierens-Gevaert au cours d'un si long voyage. Son résumé laisse nécessairement quelques points dans l'ombre. Nous eussions aimé lire un chapitre consacré à l'esthétique de Gœthe, qui n'a pas, comme Schiller, édifié un système, mais dont *les Conversations* avec Eckermann abondent en vues profondes. Dans sa revue des écoles contemporaines (française, allemande et anglaise), M. Fierens-Gevaert néglige l'école italienne (1) et ne dit rien de l'école russe, cette dernière pourtant si pleine d'originalité et de saveur. Nous inspirant du souci et de la méthode de M. Fierens-Gevaert, nous voudrions attirer l'attention sur deux représentants de ces écoles, passées

(1) Voir M. ALFREDO ROLLA, *Sloria delle idee esletiche in Italia,* Torino. 1905. M. Croce a publié une esthétique générale. Voir la *Revue philosophique,* janvier 1906.

par lui sous silence, Leopardi, le plus grand poète de l'Italie depuis Dante, et Tolstoï, le Rousseau septentrional. L'un et l'autre ne sont pas seulement créateurs; ils ont profondément médité sur les conditions de leur art, et leurs vues paradoxales suivent des directions diamétralement opposées.

L'esthétique de Leopardi (1) se rattache étroitement à sa morale; cette morale dépend de sa conception du monde, de sa philosophie, laquelle découle de ses propres infortunes. Toute dénuée qu'elle ait été d'événements extérieurs, la vie de Leopardi est la plus riche en souffrances intimes et en réflexions sur ces souffrances que l'on puisse imaginer. La pauvreté s'unissait chez lui à la noblesse, la difformité au génie. Fervent catholique dans les années heureuses de sa première jeunesse, bientôt, quand vinrent les déceptions et la maladie, il tourna cette ferveur vers la philosophie la plus désenchantée, la plus éloignée de toute pensée chrétienne, de tout idéalisme platonicien. Il ramène toute notion à la sensation, refuse à la raison toute capacité d'atteindre l'absolu. Sans que nous en puissions pénétrer la cause, la nature ne poursuit d'autre fin que de tourner dans un cercle de créations et de destructions éternelles, d'incessantes transformations de qualités et de substances. Ce que nous appelons *bien* ou *mal*

(1) L'œuvre de Leopardi s'est considérablement accrue par la publication du *Zibaldone*, recueil de ses notes quotidiennes de 1817 à 1832. M. Romualdo Giani a tiré de ces sept volumes de pensées une étude pleine de goût et d'érudition : *l'Estetica nei Pensieri di Giacomo Leopardi*, Turin, 1904.

n'est qu'une abstraction de jugements partiels sur
ce qui est agréable et sur ce qui nuit, et se rapporte
à l'amour de soi, qui est l'unique mobile et l'unique
norme de chacun de nos actes. Leopardi se sépare
des utilitaires de l'école d'Helvétius qui prétendent
tourner cet amour-propre vers le bien commun, en
persuadant aux hommes que leur intérêt mieux compris consiste à être utile à leurs semblables. Il ne
croit pas qu'une société puisse jamais aboutir, par
cette persuasion, à l'harmonie et à la concorde, car
les hommes se haïssent les uns les autres dans la
proportion où ils s'aiment eux-mêmes, et la société
n'est qu'un état de guerre, secrète ou déclarée, de
tous contre tous : il ne peut y avoir que des sociétés
d'égoïstes, poursuivant, contre d'autres égoïstes, des
buts intéressés. En un mot, la pensée de Leopardi se
rapproche exactement de Stendhal, de Stirner et de
Nietzsche. Il diffère toutefois de ce dernier en ceci :
Nietzsche rêve une civilisation régénérée par une
aristocratie de Surhommes, imposant sa domination
à la foule au moyen d'une hiérarchie rigoureuse.
Leopardi et Stirner ne dépassent pas l'individu; ils
ne songent point à dominer, ils n'ont rien d'impéria-
liste; Leopardi plaint également les oppresseurs et
les opprimés; pour lui il ne s'agit que d'écarter les
obstacles au bonheur individuel.

Mais cette poursuite éperdue du bonheur ne peut
aboutir qu'à la faillite. L'amour de soi, que la nature
a mis en chaque homme, étant infini, fait naître un
désir de bonheur sans limites par l'intensité et la
durée. Or, aucun plaisir ne peut être proportionné à

cet amour de nous-mêmes. Chaque désir forcément limité, comprimé, contrarié, par tous les obstacles que lui opposent la nature ou la société, fait de notre existence une trame ininterrompue de déboires, de déceptions et de tourments.

Il ne reste à l'homme que deux ressources; incapable d'obtenir satisfaction du désir, il peut ou l'assoupir ou le distraire, s'il veut échapper à la *noia*, à l'incurable ennui.

On assoupit le désir par la lassitude, en cherchant à se plonger dans cette langueur des instants qui précèdent le sommeil et le réveil; les stupéfiants, les narcotiques, l'opium versent le repos des désirs, des craintes, des espérances, des passions; c'est le remède des Asiatiques. Mais à cette nonchalance, à cette apathie perdue dans le rêve, les hommes de l'Occident préfèrent, comme diversion au désir, la vie intense, l'excitation et la fatigue des sports, l'ébriété du vin, les sensations vives et fortes qui n'endolorissent pas le corps. la ferveur dyonisiaque, et, à un degré supérieur, l'ivresse apollinienne, l'exaltation de l'âme, l'ardeur de l'inspiration et, de la création poétiques, qui procure, avec l'oubli du désir, le sentiment d'une vie plus riche, l'illusion de la plénitude dans la force, et qui transfigure la douleur elle-même en volupté.

Schopenhauer et Leopardi s'accordent sur ce point qu'ils ramènent à l'amour de soi, au vouloir vivre, au désir du bonheur, la source de l'infélicité humaine. Mais ce que Schopenhauer cherche dans la création et la contemplation des chefs-d'œuvre, c'est l'apaisement de ce désir et de cette volonté et comme un avant-goût du renoncement définitif. Leopardi demande à l'art l'exaltation païenne, le sentiment d'une vie accrue, une illusion de bonheur qui nous écarte de sa vaine poursuite dans la réalité des choses, un appât qui nous serve à remplir la gueule du Cerbère insatiable.

Si telle est la nature du plaisir esthétique, quel est maintenant l'objet de l'art ? La beauté n'est pas, d'après Leopardi, le reflet d'un type idéal, éternel, comme le veut Platon. Les choses passagères ne sont pas les ombres des idées éternelles. les idées sont les ombres des choses. Selon la nature, les climats, les opinions, les coutumes, les genres de vie, les types de beauté diffèrent. La beauté grecque, qui n'est qu'harmonie, équilibre, sans rêve ni pensée, ne peut être celle de l'âme moderne toute d'inquiétude et d'ardeur.

Mais Leopardi est aussi éloigné des réalistes que des idéalistes ; il ne fait pas de l'imitation la loi de l'art. L'artiste n'a d'autre fonction que de transformer des sensations en images. Plus ces images, indépendamment de leur contenu, ont d'intensité, plus nous leur attribuons une valeur de beauté.

Il existe des saisons favorables et des conditions contraires à cette activité des sensations productrices d'images. D'après Taine, la période de plus grande splendeur, pour les arts, s'épanouit dans le passage d'un âge héroïque à un âge épicurien, lorsque l'homme vient de terminer une œuvre de guerre ou de découverte et songe à enguirlander ses trophées de victoire et à décorer l'édifice dont il vient de poser les fondements. Leopardi juge de même les temps barbares, trop agités, trop tendus dans le danger et dans l'effort; les temps civilisés, trop épuisés dans la sécurité et le bien-être. Le moment le plus propice, c'est le calme après la tempête, lorsque les âmes vibrent encore au souvenir du danger, frémissent encore sous le coup des impressions fortes.

Dans la société contemporaine, l'art ne peut être qu'individualiste et aristocratique. Il ne saurait s'adresser au peuple, trop inculte pour le comprendre, ni aux classes intellectuelles, vouées à la sécheresse du rationalisme et des abstractions. L'artiste, en rupture d'équilibre avec son milieu, doué de facultés qui le rendent impropre à la vie commune, n'est plus compris que de lui-même et d'un petit nombre d'élus.

Et, de même que le public, les genres se trouvent aujourd'hui restreints. L'évocation des mythes et des légendes, propre aux civilisations originales et spontanées, n'est plus possible dans notre monde désenchanté. La science, la raison, l'affreuse découverte de l'homme par lui-même, ont dissipé le divin mystère des choses. Il ne resterait à l'artiste qu'à peindre d'autres hommes; mais l'égalité démocratique les transforme en larves semblables les unes aux autres. Que l'artiste se réfugie donc dans l'analyse intime de son âme solitaire, rendue plus exquise par ce perpétuel retour sur elle-même, plus douloureuse et plus profonde par la mort des illusions. Tel est l'objet de la poésie lyrique, sous la pensée dominante de l'Infélicité.

L'art moderne par excellence c'est la musique. La raison nous défend les illusions, l'espérance et la foi ; mais le sens de l'infini et le charme du rêve agitent encore l'âme humaine et ne trouvent leur expression que dans la musique ; elle est l'art de la sensation, des sentiments si délicats et si subtils que la parole ne saurait les déterminer sans les détruire : la musique est la langue de l'infini, de l'idéal et du songe.

Il y a, d'après Leopardi, trois façons de concevoir la vie ; celle des hommes positifs, à imagination et à sensibilité médiocres, bien qu'ils puissent exceller dans la politique et dans la science ; ceux-là ne vivent que dans la réalité présente et se subordonnent à elle. Il y a l'attitude des philosophes, pour qui les choses, dans un perpétuel écoulement, ne possèdent pour ainsi dire ni corps ni esprit, pour qui tout est vanité. Il y a enfin l'artiste auquel tout parle, au contraire, par la voix du cœur et de la fantaisie, qui s'identifie aux choses et à l'ensemble de l'univers.

Leopardi célèbre ainsi dans l'art l'affirmation et l'exaltation du moi que la démocratie égalitaire prétend sacrifier à la vie sociale, et qui se réfugie dans sa tour d'ivoire. Le grand intérêt de l'esthétique de Leopardi, c'est qu'elle est le meilleur commentaire de son art et de son œuvre.

Il nous resterait à montrer à quel point l'esthétique de Tolstoï et de presque tous les artistes russes depuis les *Ames mortes* de Gogol, est aussi exaltée, dans le sens social et populaire, que celle de Leopardi, dans l'esprit individualiste et aristocratique. Par suite des circonstances politiques et du caractère de la race, les romanciers et les poètes russes, bien loin de s'attacher à leur propre infortune, n'ont exprimé que la plainte des générations. Tolstoï ne conçoit ni œuvre d'art, ni plaisir esthétique, s'il n'y a sympathie contagieuse entre l'auteur, le lecteur et les autres hommes. L'artiste a pour mission de faire s'écrouler le rempart d'égoïsme qui sépare les humains. L'art doit être populaire non pour élever le peuple jusqu'à lui, mais pour se mettre à la portée du peuple. Un chant rustique, d'après Tolstoï, a plus de prix qu'une sonate de Beethoven. La musique de Wagner n'exprime que corruption et décadence. Le vrai poème serait celui qui, comme la Bible et l'Évangile, lu et compris de tous, toucherait tous les cœurs, révélerait à chacun le sens de la vie et le devoir envers nos semblables qui incombe à tous.

L'esthétique de Tolstoï aboutit ainsi à la négation même de l'esthétique, qu'il confond avec la morale. Il ne se peut imaginer de sentiment plus opposé à celui de Leopardi. L'un et l'autre sont justifiés cependant, puisqu'ils ont produit des chefs-d'œuvre, et qu'ils n'éveillent pareillement que les sentiments les plus nobles.

CHAPITRE IX

LES CARACTÈRES (1)

Stuart Mill fait de l'*ethology*, ou *science des caractères*, le fondement de la science sociale. C'est selon l'idée que nous nous formons des hommes, des mobiles de leur activité, du jeu de leurs volontés, que nous comprenons l'histoire, la politique, l'éducation, l'art même du théâtre et du roman, qui ne sont, à vrai dire, que de la « psychologie appliquée ».

Il est plus aisé de signaler l'importance du sujet que d'en mesurer les difficultés. Connaît-on exactement tel caractère et le sien propre ? Les historiens ne diffèrent-ils pas du tout au tout sur les grands hommes qu'ils mettent en scène ? Quand il nous arrive de jaser sur nos intimes, quelle peine nous avons à faire concorder toutes les médisances ! Et

(1) Article de M. RIBOT, *Revue philosophique*, novembre 1892, et de M. FOUILLÉE, *Revue des Deux Mondes*, 15 juillet 1893.

nous voyons-nous mieux nous-mêmes, à travers le voile de vanité et d'orgueil qui nous cache notre propre image ? Mœurs, conduite, force corporelle, sensibilité nerveuse diffèrent de peuple à peuple, d'âge à âge, d'individu à individu : rien n'est plus nécessaire, mais rien n'est plus délicat que de saisir la portée de ces transformations. Aucun homme ne ressemble exactement à un autre homme, ni à lui-même à des heures différentes. On ne pourrait donc faire de cette étude des caractères l'objet d'une science, puisqu'il n'y a de science que du général et non du particulier.

Telle serait la conclusion où semblerait aboutir la nouvelle *psychologie sans âme*, qui révoque en doute le *moi* central et dominant, et lui refuse la direction spontanée de ses actes, qui nous présente l'individualité de chacun comme insaisissable et impossible à fixer, tant elle est multiple, et qui la résoud en des états de conscience, soumis à la dépression et à l'excitation de l'organisme, à ses vibrations les plus légères. Figurez-vous d'après cela votre *moi* non comme une âme distincte du corps, simple, identique, stable, indépendante de ses modes, mais comme une assemblée délibérante, sise dans les hémisphères cérébraux, où « le suffrage universel et perpétuel des organes et des cellules envoie ses délégués », comme une majorité instable qui détermine chacun de vos gestes et chacun de vos actes ; ou encore comme une troupe de marionnettes, suspendues aux ficelles de l'organisme et dont les divers personnages, le *moi* réfléchi, le *moi* passionnel, le *moi* rêveur, le *moi* positif, le *moi*

moral, le *moi* faillible, viennent tour à tour en gam-
badant sur le devant de la scène débiter leurs tirades
et témoigner de vos changements de goût et d'humeur.

C'est par l'étude des cas morbides, des étranges
altérations de la personnalité, qu'on a été conduit
à cette théorie de la *multiplicité du moi*. Elle est
devenue si fort à la mode et on l'a poussée si loin,
qu'elle a cessé d'être d'accord avec l'expérience de
chaque jour. Nous avons beau constater une certaine
insécurité des caractères, et en être plus d'une fois
les victimes déçues, éprouver des surprises trop
souvent désagréables, qui nous avertissent que les
hommes n'agissent pas toujours conformément à
leurs passions essentielles, — un instinct sûr nous
avertit pourtant qu'il serait imprudent de compter
sur la sincérité de Tartufe, la générosité d'Harpa-
gon ou la fidélité de Messaline, qu'il y a en un mot
des caractères fixes, permanents. C'est M. Ribot qui
nous l'affirme : « Que n'a-t-on pas dit contre l'unité
du *moi* érigé en entité simple et indissoluble ?... On
s'est tant occupé en ces dernières années des troubles,
altérations, dissolutions de la personnalité, que le
triomphe de la méthode analytique a été complet, et
que le côté synthétique du sujet a été rejeté dans
l'ombre. » Cet *on* n'est autre que M. Ribot lui-même.
Le maître réagit contre la fureur d'analyse qu'il
a déchaînée, et reconstitue de toutes pièces ce *moi*
qu'il a réduit en poussière.

Qu'est-ce donc que le caractère ? C'est la marque
propre de chacun, sa manière particulière d'agir et

de sentir, d'être affecté par les choses du dehors et
de réagir contre elles, c'est la direction dominante
de sa volonté, de ses tendances et de ses passions (1),
c'est *l'histoire de ses actes*. L'intelligence, les idées
ne sont pas ce qu'il y a de fondamental, de tout à
fait personnel en nous ; ce qui nous donne notre
marque propre ce sont les instincts, les désirs,
les sentiments ; et il est essentiel au début de
cette étude de se débarrasser de ce que M. Ribot
appelle « l'incurable préjugé intellectualiste » qui
met la raison au premier plan et lui attribue le premier rôle. Ce qui infirme ce préjugé, c'est que,
d'une part, une intelligence bornée est souvent favorable à l'énergie du caractère, et inversement un
développement excessif des facultés intellectuelles
tend parfois à l'atrophier. Les philosophes, les savants, voués aux spéculations abstraites, éprouvent
d'ordinaire pour l'action une invincible horreur, le
moindre incident les bouleverse, ils se réfugient dans
une routine monotone, s'enveloppent, comme Spinoza, dans leur vieille robe de chambre, ou, comme
Kant, se meuvent avec une régularité d'horloge, qui
permet aux bourgeois de régler leur montre en les
voyant passer.

Que de fois il y a désaccord entre le caractère et
l'intelligence, combien voyons-nous d'hommes penser d'une façon et agir d'une autre ! Ouvrez le *Journal
intime* de Benjamin Constant : chaque matin il décide
de rompre avec Mme de Staël, et enregistre chaque

(1) MARION. Article *Caractère*, dans la *Grande Encyclo-
pédie*.

soir un raccommodement. L'esprit qui sert à briller dans le monde ne nous empêche pas de gâcher notre vie : « Il manque beaucoup aux gens d'esprit, écrit mélancoliquement J.-J. Weiss, et ils n'ignorent pas ce qui leur manque; aussi, n'ayant ni le mérite accompli, ni la confiance suprême des sots qui en tient lieu, ils n'arrivent jamais à rien. »

Les moralistes, avec leurs ingénieux préceptes, nous rendent moins de services que s'ils nous donnaient la recette pour changer de caractère : « On se laisse volontiers aller à croire, dit M. Fouillée, qu'il suffit d'inculquer à quelqu'un des idées abstraites pour le mettre en état d'agir. Combien cela est erroné. La lecture de *la Critique de la raison pratique* ne produira aucun effet sur qui sera dénué de sentiment moral. Privées de l'appui des sentiments appropriés, les pures idées n'ont aucune action, et sont parfaitement stériles. » Quand vous voyez des gens ajuster strictement leur conduite à leurs principes, tenez pour assuré que ces principes ont quelques affinités avec leurs passions ou leur humeur. Ils pratiquent moins leurs maximes qu'ils n'ont maximé leurs pratiques. Voulez-vous être toujours conséquent avec vous-mêmes? Adoptez une doctrine conforme à vos goûts innés, épicurienne ou stoïcienne selon le cas.

Tandis que l'action de bas en haut, celle de l'organisme, est tenace, énergique, efficace, celle de haut en bas, de l'intelligence et de la raison, est intermittente, superficielle, sauf sur les natures paisibles, et dans le silence et l'inertie des passions contraires. C'est avant tout de notre constitution, c'est-à-dire des ténèbres de la vie végétative et inconsciente, que nous viennent cette sympathie communicative, cette entrain joyeux, ou cette tristesse solitaire, cette morne lassitude d'où dépendent, plus que des biens extérieurs, le bonheur ou le malheur de la vie. L'individu est donc dans le tempérament, et la physiologie reste la base essentielle de la classification des caractères.

C'est le point de départ de l'étude de M. Fouillée. L'espace nous manque pour en faire ressortir l'originalité. Que de progrès à suivre dans cette voie où nous ne sommes guère plus avancés qu'au temps de la médecine grecque, qui ne distinguait que des sanguins, des nerveux, des lymphatiques, des bilieux et des atrabilaires. « Le tempérament, dit Maudsley, n'est guère jusqu'à présent qu'un symbole représentant des quantités inconnues, plutôt qu'un terme désignant des conditions définies. » Bornons-nous à la classification de M. Ribot, aux manifestations extérieures du caractère sans en rechercher les racines physiologiques.

Il commence par écarter toute une catégorie qu'il désigne sous le nom d'*instables*; ces caractères justifient le mieux la théorie de la multiplicité du moi, et confinent parfois à la folie. Excitables, hésitants, fantasques, lunatiques, vous les voyez obéir à des impulsions changeantes et fugitives, tantôt agir de la même manière dans des circonstances différentes, tantôt différemment dans des circonstances analogues. Tout se passe chez eux à fleur de peau : ce sont des débiteurs sur lesquels on ne peut guère compter. M. Ribot voit en eux « les scories de la civilisation ».

A l'opposé des *instables*, les *amorphes* présentent une grande fixité ; ils sont le produit de l'éducation, des circonstances et du milieu, qui les façonne une fois pour toutes. Le visage finit par se modeler sur le masque. Tel est l'homme du monde, sans individualité propre, esclave des habitudes de sa coterie ; tels, le prêtre à la tournure dévote, le capitaine aux allures bravaches, la fille au geste effronté, l'avocat à la bouche mauvaise, le rapin débraillé, le carabin cynique, le journaliste gouailleur, le plumitif ankylosé dans sa vie de bureau. Par la division du travail, la sécurité croissante, la civilisation augmente les caractères acquis au détriment des caractères spontanés. Les temps de troubles, les périodes de révolution sont bien plus favorables à l'apparition des vrais caractères.

Essayons maintenant de classer, d'après leurs effets dominants, les caractères personnels qui ont unité, stabilité.

Voici d'abord les *sensitifs* avec prédominance exclusive du sentiment, impressionnabilité extrême du système nerveux. Au plus bas degré les *humbles*, les craintifs, les timides, à l'intelligence bornée. M. Ribot les compare au lièvre de La Fontaine. Ils tremblent pour leur petite place, leur petit commerce, leur petite rente, voient déjà le Spectre Rouge approcher sa torche du Grand-Livre. « Une expérience vieille comme le monde prouve que les *sensitifs* souffrent plus d'un petit malheur qu'ils ne jouissent d'un grand bonheur. » — S'ils ont l'esprit pénétrant, les *sensitifs* seront plus portés à réfléchir sur les grands maux de la vie que sur ses petites misères, sur les illusions, les déceptions, la stérilité des efforts humains. Analystes pessimistes, repliés sur eux-mêmes, ils passeront leur vie, comme Amiel, à feuilleter leur âme : accablés des désappointements anciens, les yeux tournés en arrière vers un passé odieux ou chéri, ils s'épuisent en stériles regrets et succombent faute d'énergie. L'excès de sensibilité et d'intelligence conduit ainsi à l'affaiblissement de la volonté. Hamlet est l'expression la plus pathétique de ces sortes de natures.

Les *actifs*, au contraire, se peuvent idéaliser dans la figure de don Quichotte. Hamlet et don Quichotte, on l'a remarqué, incarnent les deux côtés fondamentaux et opposés de la nature humaine, les deux extrémités de l'axe sur lequel elle tourne; et tous les hommes se rattachent plus ou moins à l'un de ces deux types. A la famille du Chevalier de la Manche appartiennent les hommes d'action, pleins de confiance en eux-mêmes, optimistes par excellence, que nul obstacle ne rebute, que nul revers n'abat et qui entraînent les foules par leur foi au triomphe définitif de la force ou de la justice. Ce sont les génies de la guerre et de la conquête, un César « pour qui rien n'était fait tant qu'il restait quelque chose à faire »; un Napoléon, dont Fouché disait pendant les Cent Jours : « L'empereur pense toujours à l'avenir, jamais au passé »; un Pizarre et un Cortez, chers à

M. de Heredia; de nos jours, un Brazza, un Stanley, les héros du continent ténébreux. Il faut encore ranger parmi les *actifs*, malgré leur intelligence inférieure, les gens de sport, que l'unique plaisir des risques pousse à se rompre les os, et les politiciens batailleurs, livrés, comme autrefois les condottieri, aux plus grossiers instincts de combativité.

A un autre extrême sont les *apathiques*, les *flegmatiques*. Qu'on ne les confonde pas avec les *amorphes;* ils opposent à l'influence des milieux une résistance passive difficile à vaincre. Ni très sensitifs, ni très actifs, ni optimistes, ni pessimistes, insouciants, lents, lourds, difficiles à émouvoir, ils n'excitent ni ne ressentent de grandes amitiés ou d'ardentes hostilités. — Tous les projectiles qu'on leur lance, dit Kant, rebondissent comme sur un sac de laine, et chez beaucoup d'hommes ce tempérament tient lieu de dignité et de sagesse. Le flegmatique garde aisément en toutes circonstances un calme de grand seigneur. S'il possède une intelligence supérieure, sa philosophie sereine reflète les aspects du monde comme un miroir tranquille. Connaissant l'opiniâtreté des opinions individuelles, et ce qu'il y a de fatal dans toute faute humaine, il s'abstient de contredire, de faire des reproches, et s'accommode des hommes tels qu'ils sont, puisqu'on ne peut les changer. Mais s'il joint à l'intelligence l'activité pratique, le *flegmatique* devient un homme ferme, patient, attentif, persévérant, capable d'édifier une belle existence utile à lui et aux autres : c'est une veuve Scarron, vertueuse et habile, qui finit par réaliser ce rêve insensé, épouser Louis XIV ; c'est un Benjamin Franklin, le type achevé de l'homme raisonnable ; c'est un maréchal de Moltke, observateur et calculateur silencieux, sans hâte, ni repos, ne livrant rien à la fortune. Parmi les gens de cette trempe se rencontre la moralité immuable, mais aussi le fanatisme à froid du puritain, du janséniste, race plus respectable que sympathique.

Le *flegmatique*, caractère fréquent chez les gens du Nord, a pour antithèse le *colérique* bilieux, emporté, le Méridional vindicatif, aux rancunes cuites et recuites, aux passions brûlantes. Alfieri se faisait attacher à sa table de travail pour ne pas courir chez sa maîtresse ; Franklin traçait d'avance sur son carnet le programme et le budget de son bonheur conjugal : *User rarement des plaisirs de l'amour, ne le faire que pour ma santé ou pour avoir des enfants...* Évidemment, ces deux hommes n'étaient pas doués du même tempérament.

Il n'y a pas, à vrai dire, de caractères simples, non plus que des tempéraments simples, de purs lymphatiques, de purs nerveux, de purs bilieux... Mais ces éléments se combinent en quelque sorte chimiquement et forment des caractères nouveaux. Par exemple, les *sensitifs actifs* offrent les spécimens les plus brillants de la nature humaine : don Juan, sainte Thérèse, saint Vincent de Paul, Danton, Michel-Ange. Don Quichotte, que nous avons rangé parmi les actifs purs, est plutôt un *sensitif actif*. Nous lui avons opposé Hamlet. Mais ce serait une erreur de croire que

la méditation triste reste étrangère aux hommes
d'action. Il y a dans la correspondance du prince de
Bismarck telle page sur la vanité de la gloire et de
l'idée de patrie, sur le néant de ce monde « bon à
quitter comme une chemise sale », qui ne pâlirait
pas à côté du *To be or not to be...* du jeune homme
à la toque noire. Les biographes de Cavour nous ra-
content de même qu'à certain moment il fut hanté
par des pensées de suicide.

Il serait fort intéressant de comparer la manière
dont les psychologues de profession et les littérateurs
ont compris les caractères. Corneille, par exemple,
qui nous peint des héros tout en dehors, rangeant
leurs actes à leurs maximes, n'a pas la même conception de l'homme que Shakespeare qui nous montre
ses personnages victimes d'une fatalité intérieure.
La classification des caractères dans l'œuvre de
Gœthe, d'après un critique allemand, M. Scherer,
concorde en plus d'un point avec celle de M. Ribot
et de M. Fouillée. Les *sensitifs* tels que Werther,
esclaves de leur propre cœur ou de l'inspiration d'autrui, sourds à la voix de la raison et de la conscience,
amoncellent, sur eux et autour d'eux, les calamités
et les ruines; les *actifs*, comme le comte Egmont,
les créateurs, les combattants, les politiques, les magnanimes, se dévouent à l'amitié, à la patrie, à l'humanité; les *négateurs*, les charlatans, les intrigants,
les rusés renards, les révolutionnaires, amateurs de
troubles et de scandales, les railleurs méphistophé-
liques de tout idéal, inquiètent les hommes, mais les
empêchent de s'endormir dans la routine et l'indiffé-

rence; ils veulent le mal et font ainsi le bien, malgré
eux. Enfin les *sensitifs* devenus *actifs*, Faust, Wilhelm
Meister, débutent par les passions égoïstes et le di-
lettantisme, et, à travers la faute, l'épreuve et la souffrance, s'élèvent jusqu'à l'activité bienfaisante d'une
vie sage, utile et réglée. Et toutes ces tendances contradictoires, sentiment exalté, ironie profonde, culte de
la science et de l'art, rêve et action, se retrouvent dans
le caractère de Gœthe. En lui comme en Shakespeare, s'épanouit la richesse d'une nature moderne.

Relisez encore, au point de vue qui nous occupe,
l'admirable étude que Taine a consacrée aux deux
mille personnages qui s'agitent dans *la Comédie humaine* de Balzac, et les pages de Hennequin sur
Tourguénef. De tous les romanciers, l'écrivain russe
est peut-être celui qui nous fait le mieux sentir ce
qu'il y a d'infiniment complexe et obscur, d'absolument individuel dans chaque caractère, qui démêle
d'une main plus agile tous ces traits fins, entre-croisés
pour former la trame de nos actions et qui a su le
mieux rendre en légères nuances les reflets changeants de nos âmes mobiles.

L'œuvre entière de Sainte-Beuve déroule sous nos
yeux une collection incomparable de caractères, dis-
séqués à la loupe, mais non classés. « Je crois,
écrivait-il, que l'étude morale des caractères en est
encore à l'état de la botanique avant Jussieu, ou de
l'anatomie comparée avant Cuvier. » Tout essai de
classification lui paraissait prématuré.

Si de l'observation des caractères on veut ensuite
remonter jusqu'aux causes si nombreuses, si variables,

si ténues, qui les déterminent et insensiblement les modifient, le problème paraîtra presque insoluble : « Les mets qui vous nourrissent, dit Taine, l'air que vous respirez, les maisons qui vous entourent, les livres que vous lisez, les plus minces habitudes où vous vous laissez glisser, les plus insensibles circonstances dont vous vous laissez presser, tout contribue à faire l'homme que vous êtes. »

M. Fouillée insiste sur l'importance de l'hygiène. Abreuvez d'alcool un homme nerveux, vous pourrez le pousser à la folie homicide. Nourrissez de carottes une femme acariâtre, si son humeur vient du foie, vous réussirez peut-être mieux à l'adoucir que par des sermons. Michelet attribue la violence des clubs sous la Terreur à ce fait que les assemblées se formaient après les repas.

M. Ribot est moins encourageant que M. Fouillée. On peut beaucoup, d'après lui, sur les caractères *amorphes*, mais les *vrais* caractères ne changent pas. Il faut s'entendre : la nature, c'est-à-dire l'hérédité, la sélection, fournit le ressort, mais l'éducation ne peut-elle en une certaine mesure, sauf les cas d'exception, donner la direction salutaire ou funeste selon laquelle le ressort agira ?

Et nous-mêmes, sommes-nous capables de régler notre volonté ? Sans préjuger la question du libre arbitre, et pour nous en tenir à notre expérience propre, n'avons-nous pas une certaine facilité à nous assouplir à l'égard de ceux dont nous craignons ou espérons quelque chose ? Est-il rien de tel que l'intérêt ou la vanité pour nous dominer et nous con-

traindre ? Toutefois l'art de vivre, de nous adapter à
ceux qui nous entourent, s'apprend moins que la
science de la vie, car cet art dépend du caractère, et
cette science de l'intelligence. Or l'important n'est
pas de savoir *a priori* comment se conduire avec les
hommes en général, mais comment se comporter
en particulier réellement avec Pierre, Paul, Jacques
ou Jacqueline. Cela, c'est affaire d'intuition, de tact
et d'expérience. On ne connaît bien que les chemins
où l'on s'est cassé le nez.

A défaut d'autre profit, tirez du moins de l'étude
des caractères cet avantage de vous délivrer de l'idée
abstraite qu'exprime le mot *Humanité ;* représentez-
vous sous ce vocable la foule grouillante des hommes,
les races, leur couleur, leur odeur spécifique, et l'in-
nombrable variété des individus remuants, indolents,
froids, emportés, patients, raisonnables, irritables, batailleurs, pacifiques, pillards, paillards, cruels, bé-
nins, sobres, ivrognes, etc., etc., et jugez combien
vaine serait la prétention de concilier les esprits
dans une même doctrine, d'incliner les volontés à
une même conduite, d'habiller en un mot toutes les
tailles, en prenant les mesures de l'Apollon du Bel-
védère et de la Vénus de Milo.

Réformateurs utopistes, jetez au panier vos systèmes et étudiez la physiologie.

CHAPITRE X

A QUOI SERT LE RATIONALISME

Nous sommes redevables à Mme Valentine Eugène Lambert, dépositaire de la pensée de M. Victor Brochard et gardienne de ses manuscrits, ainsi qu'à M. Delbos qui en a fait le classement judicieux et méthodique, de ce volume d'*Études sur la philosophie ancienne et sur la philosophie moderne* (1), parues en partie dans le *Journal des savants*. Représentant des plus distingués de la Sorbonne d'hier, où la philosophie et les humanités étaient en honneur, M. Brochard a vécu dans le culte et l'intimité des anciens, sans toutefois perdre de vue les modernes et les contemporains. Érudit sans minutie, il était surtout préoccupé des plus hauts problèmes. A côté de leur valeur historique, certaines pages de ce livre offrent un intérêt dramatique, si l'on connaît les circonstances où elles ont été dictées. Ceux qui avaient eu plaisir à rencontrer M. Brochard dans quelques salons où l'on causait parfois si gaiement, le retrouvaient, il y

(1) F. Alcan, 1912.

a qelques années, confiné dans sa bibliothèque par
un mal sans remède, ne sortant que pour se faire
transporter à sa chaire de la Sorbonne ou à l'Institut.
Les yeux presque éteints, le visage pâle et amaigri,
disposant à peine de la liberté de ses mouvements,
il gardait une pensée merveilleusement active au sein
des plus cruels tourments, et il émerveillait le petit
cercle d'amis qui se réunissait dans sa demeure au
déclin du jour, par une sérénité, un enjouement inal-
térables.

Quelle était donc cette philosophie susceptible de
résister victorieusement aux épreuves d'un mauvais
destin ? M. Delbos l'indique dans sa préface, et
M. Brochard lui-même nous l'explique dans divers
chapitres de son livre.

Et d'abord comment résoudre le problème de la
connaissance qui domine toute philosophie, autrement dit dans quelle mesure sommes-nous capables
d'atteindre le vrai ? M. Brochard donnait à cette
question la réponse des sceptiques grecs et du criticisme morderne, si exigeant en fait de preuves.
L'absolu nous échappe, nous ne pouvons atteindre
que des vérités relatives, nos certitudes morales ne
sont que des croyances que nous devons soumettre à la
raison et à l'expérience. Rationaliste, et, si l'on veut,
pragmatiste tempéré, M. Brochard écartait l'intuition
et le mysticisme, comme instruments de connaissance.

Cela nous indique dans quel esprit M. Brochard
abordait le problème moral.

Notez qu'il ne s'agit pas des principes de la morale, sur lesquels, à quelques nuances près, les

philosophies et les religions s'accordent, mais du fondement de la morale, c'est-à-dire des motifs susceptibles de déterminer des hommes à mettre ces principes en pratique, fondement sur lequel les philosophes disputent depuis deux mille ans. Tandis que les religions nous imposent les vérités morales comme autant de commandements divins, les philosophes nous les proposent au nom de la raison, ou du bonheur, ou de l'utilité, ou de l'égoïsme bien entendu, ou de la sympathie, ou de la compassion, ou de l'honneur... sans jamais pouvoir s'entendre, si bien que cette recherche ressemble à celle de la pierre philosophale.

Au milieu de cette confusion, M. Brochard ne voit d'autre remède que de remonter à la source pure et saine de la philosophie grecque. Dans un des plus remarquables chapitres de ces *Études* qui traitent de sujets variés, il nous fait saisir, à ce point de vue de la morale, le contraste entre la philosophie antique et la philosophie moderne.

Selon lui, l'idée de devoir, telle que nous l'entendons, l'idée d'obligation, de commandement, est totalement étrangère à la philosophie antique. Cette philosophie donne des conseils au lieu de dicter des ordres, elle nous met sous les yeux le portrait idéal du sage qui vise au bonheur dans la vie présente. La morale moderne fait un appel à la conscience : le mot *conscience* n'a pas d'équivalent en grec et en latin. Il s'agit de suivre la nature, non d'obéir à une loi d'origine supra-sensible. Le mot *vertu* ne signifie, chez les anciens, que la possession de qualités naturelles. Il y a place, dans leur philosophie, pour l'erreur et pour la faute : la loi morale leur est aussi étrangère que le scrupule et le remords. L'idée de mérite et de démérite s'attache chez eux à ce qui est digne ou non de louange. La responsabilité ne les trouble pas : ils entendent la liberté de l'homme en ce sens que, ses actes émanant de lui, il doit en subir les conséquences bonnes ou mauvaises. Dire en grec que l'homme est libre, c'est exprimer que le bonheur, le souverain bien, est à la portée de chacun ; que la félicité ne dépend pas des circonstances extérieures et qu'il est en notre pouvoir de l'obtenir. Le christianisme a transporté le centre de gravité de la pensée humaine dans l'au delà ; la morale chrétienne est imbue de l'idée de perfection divine, de triomphe sur le monde mauvais, sur la nature corrompue. Mais le dogme de l'immortalité dans Platon n'a pas d'influence sur sa morale. La philosophie ancienne reste toujours une morale à hauteur d'appui, essentiellement optimiste, croyant à la bonté de la nature, *amantissima nostri natura.*

Mais, contrairement à la philosophie grecque, toujours séparée de la religion, la morale religieuse avec ses idées d'obligation, d'ordre impératif, s'est infiltrée dans la philosophie moderne, tout d'abord avec Descartes et Malebranche. Spinoza, bien que son panthéisme, comme le montre M. Brochard, soit inspiré par le monothéisme juif, a su éviter cet écueil ; tout en reconnaissant que la théologie offre de bien plus grandes consolations, Spinoza veut que la philosophie et la religion demeurent indépendantes sans être hostiles (1). Avec Rousseau, nous revenons au compromis entre le christianisme et l'antiquité, Plutarque, Sénèque et le sermon sur la montagne. Kant, qui sépare radicalement la morale du bonheur et la fonde sur la conscience, obéit à son éducation piétiste.

A l'heure présente, sans nier la valeur de la morale religieuse fondée sur la révélation, M. Brochard constate que de tous côtés, dans tous les pays, on cherche à laïciser la morale, à lui donner un fondement humain, cela sans y réussir. Dans cette mêlée de doctrines, dans ce désarroi, dans cette anarchie, il nous recommande hautement une philosophie qui, pendant une suite de siècles, a suffi à l'élite de l'humanité. Sans achever aucune science, les Grecs ont jeté les fondements de toutes les sciences. Il s'agit, en matière de science morale, non de les copier servilement mais de les développer.

M. Brochard prenait le sujet d'autant plus à cœur que la sagesse antique, nous dit M. Delbos, enchantait de plus en plus ses réflexions et qu'il trouvait en elle le moyen de soutenir avec courage une existence douloureuse. C'est surtout près d'Épicure que M. Brochard semble chercher des consolations. Le vieux maître compte à travers les âges deux sortes de disciples. Aux plus nombreux se peut appliquer le vers d'Horace :

... Epicuri de grege porcum.

(1) Voir à ce sujet le beau livre de M. DELBOS, *le Problème moral dans la philosophie de Spinoza et l'histoire du spinozisme*, F. Alcan, 1893.

Mais ceux-là méconnaissent la pensée d'Épicure, si honnête et si débonnaire, pensée qui ressemble fort à celle des stoïciens, sans tension, toutefois, ni raideur. Car la vraie volupté, d'après Épicure, nous vient non des choses du dehors, des richesses et des honneurs, mais du contentement de l'esprit, de la santé du corps, de la modération des désirs, de l'acquiescement doux et tranquille à notre condition, à notre destinée, si médiocre, si pénible qu'elle soit. Contre l'adversité nous n'avons de recours qu'en nous-mêmes. La résignation est le dernier mot de l'épicurien véritable, trop heureux, nous dit M. Brochard, s'il parvenait à se persuader que l'ordre fatal de l'univers est l'œuvre d'une Volonté sage, et que la Nécessité n'est qu'un autre nom de la Providence, si difficile qu'il soit de s'expliquer sa conduite.

M. Brochard avait mille fois raison : la morale grecque, telle que nous la trouvons chez les philosophes, est une morale de gens excellents, bien élevés pour la plupart, très intelligents, très tolérants, sans ombre de fanatisme, pour qui la question est de vivre honorablement et d'arriver ainsi à être heureux. Mais nous avons perdu le bel équilibre des Grecs. Nos exigences en fait de bonheur vont bien au delà de la résignation, elles sont sans limites. Pour les modernes, la morale et le bonheur ne se confondent plus ; les consciences les plus délicates sont souvent les plus troublées. Et, comme le remarquait déjà Bayle, les modernes voient dans la raison une force bien plus capable de détruire que de construire. Elle est surtout propre à ruiner les illusions et les espérances, à découvrir notre impuissance et nos ténèbres; enfin, elle est incapable par elle-même de nous faire accomplir ce qu'elle nous fait approuver.

Il est bon d'être philosophe, mais il est triste d'être réduit à se servir de sa philosophie. Nous croyons ne pas nous tromper en attribuant moins d'efficacité à la vaine et froide raison, qu'à l'amitié dévouée qui veillait près de M. Brochard avec tant de sollicitude et qui changeait en douceur l'amertune de sa destinée. Dans le malheur immense au sein duquel nous risquons d'être engloutis, le meilleur secours nous vient des affections humaines.

Nous n'irions pas jusqu'à dire, avec la rudesse de Macaulay, que les philosophes grecs, ces précepteurs du genre humain, ne nous ont transmis que de longs raisonnements associés à l'image de leurs longues barbes, et qu'ils ont laissé le monde antique aussi mauvais qu'ils l'avaient trouvé. Quelque chose de leur enseignement a passé dans la doctrine chrétienne: ils ont exercé une action sous cette forme religieuse. Le monde moderne veut une morale qui s'applique à tout le monde : c'est ce qui rend si nécessaire le fondement religieux de la morale; chacun a intérêt à ce que ses prescriptions soient susceptibles d'exalter, surtout d'intimider les consciences. Dans des notes de Proudhon sur *Jésus et les Origines du christianisme*, on lit ce qui suit : « Une révolution était nécessaire pour sauver le vieux monde d'une corruption universelle, immanente; pour cela il fallait le concours de deux forces : le sentiment religieux et le

sentiment de justice et de charité qui, ici, se confondent. Il fallait, dis-je, que *la vraie morale entrât
dans le culte et le culte dans la morale*; que celle-ci
devînt une religion et que la religion devînt une fraternité. » Proudhon croyait que la morale pouvait
aujourd'hui se passer de cette religion chrétienne
dont il avait si justement affirmé la nécessité dans
le passé. Tout à l'opposé, Quinet reproche à la Révolution française de n'avoir pas renouvelé les consciences, donné à la démocratie un sens moral et
religieux plus énergique, comme ce fut le cas de la
révolution d'Angleterre, faute de quoi la démocratie
est menacée d'un retour à la barbarie.

Or voici qu'après Auguste Comte qui tenta de
créer une religion positive sur le modèle du Catholicisme, nous assistons à une nouvelle tentative de
fonder une morale religieuse : elle nous vient de la
nouvelle Sorbonne, des amis mêmes de M. Brochard,
mais dans un sens aussi contraire à la philosophie
antique, à toute philosophie, qu'hostile au christianisme.

Cette religion laïque, à l'usage des primaires, a
pour auteur M. Durkheim et son école de sociologues. La Société est Dieu, le seul Dieu auquel
nous devons tout, et nous sommes tenus de nous
soumettre à sa volonté manifestée par ses lois et
décrets : les députés et les sénateurs de la majorité
sont ses interprètes, éclairés de son esprit saint. La
morale se confond ainsi avec la législation : ce qui est
bien, c'est ce qui est permis ; ce qui est mal, ce qui
est défendu par les règlements et par le Code. La con-

science individuelle n'en est pas juge. M. Durkheim approuve l'intolérance dans le passé, afin de la justifier dans le présent. Cette morale d'école primaire n'est pas aussi originale qu'on le pourrait croire, car elle ne fait autre chose que laïciser, au profit de la République démocratique et sociale, le catéchisme de Napoléon Ier. Nous ne saurions nous en plaindre si elle donnait quelques résultats favorables à l'ordre. Nous ne voyons cependant pas qu'elle ait réussi jusqu'à présent à inspirer le respect des lois, ou seulement la crainte du gendarme, commencement d'une sagesse qui n'a rien de commun avec la sagesse antique si chère à M. Brochard, notre ami si regretté.

FIN

TABLE DES MATIÈRES

3185. — Tours, imprimerie E. ARRAULT et Cⁱᵉ.

LIBRAIRIE FÉLIX ALCAN

BIBLIOTHÈQUE DE PHILOSOPHIE CONTEMPORAINE

BAZAILLAS (A.), docteur ès lettres, professeur au lycée Condorcet.
Musique et Inconscience. Introduction à la psychologie de l'inconscient. 1 vol. in-8. . . . . 5 fr. »

BOEX-BOREL (J.-H. Rosny aîné). **Le Pluralisme.** 1 vol. in-8. 5 fr. »

BROCHARD (V.), de l'Institut. **Etudes de philosophie ancienne et de philosophie moderne.** Recueillies et précédées d'une introduction par V. Delbos, de l'Institut, professeur à la Sorbonne. 1 vol. in-8. . . . . 10 fr. »

DUGAS (L.), docteur ès lettres. **Le Problème de l'Education.** Essai de solution par la critique des doctrines pédagogiques. 2ᵉ édition revue. 1 vol. in-8 . . . . 5 fr. »

DURKHEIM (E.), professeur à la Sorbonne. **L'Année sociologique.** 11 vol. in-8 parus. Années 1 à 5, 10 fr. chacune; années 6 à 10, 12 fr. 50 chacune ; 11ᵉ année, 15 fr.

FOUILLÉE (Alf.), de l'Institut. **Critique des systèmes de morale contemporains.** 6ᵉ édition. 1 vol. in-8. . . . . 7 fr. 50

— **L'Evolutionnisme des idées-forces.** 4ᵉ édit. 1 vol. in-8 . 7 fr. 50

— **La Psychologie des idées-forces.** 2 vol. in-8. . . . . 15 fr. »

— **Esquisse psychologique des peuples européens.** 4ᵉ édition. 1 vol. in-8. . . . . 10 fr. »

— **Le Moralisme de Kant et l'Amoralisme contemporain** . . 7 fr. 50

— **Morale des idées-forces.** 2ᵉ édition. 1 vol. in-8 . . . 7 fr. 50

— **La Propriété sociale et la Démocratie.** 4ᵉ édit. 1 vol. in-16. 2 fr. 50

GUYAU (M.). **Esquisse d'une morale sans obligation ni sanction.** 9ᵉ édition. 1 vol. in-8. . . . . 5 fr. »

JOUSSAIN (G.). **Romantisme et Religion.** 1 vol. in-16. (*Récompensé par l'Institut*). . . . . 2 fr. 50

RIBOT (Th.), de l'Institut. **L'Hérédité psychologique.** 9ᵉ édition. 1 vol. in-8. . . . . 7 fr. 50

— **La Psychologie des sentiments.** 8ᵉ édition. 1 vol. in-8. 7 fr. 50

— **Essai sur les passions.** 5ᵉ édition. 1 vol. in-8 . . . . 3 fr. 75

— **Les Maladies de la mémoire.** 22ᵉ édit. 1 vol. in-16 . . 2 fr. 50

— **Les Maladies de la volonté.** 26ᵉ édition. 1 vol. in-16. . 2 fr. 50

— **La Psychologie de l'attention.** 11ᵉ édit. 1 vol. in-16. . 2 fr. 50

— **Problèmes de psychologie affective.** 1 vol. in-16 . . . 2 fr. 50

SCHINZ, professeur à l'Université de Bryn Mawr (Pensylvanie). **Antipragmatisme.** Examen des droits respectifs de l'aristocratie intellectuelle et de la démocratie sociale. 1 vol. in-8. . 5 fr. »

SCHOPENHAUER (A.). **Le Monde comme volonté et comme représentation.** Trad. par A. Burdeau. 5ᵉ édition. 3 vol. in-8. Chaque volume. . . . . 7 fr. 50

SCHOPENHAUER (A.). *Parerga et Paralipomena.*
— **Aphorismes sur la Sagesse dans la Vie.** Traduit par M. Cantacuzène. 9ᵉ édition. 1 vol. in-8 . . . . 5 fr. »
— Ecrivains et Style, Traduction, introduction et notes par A. Dietrich. 1 vol. in-16. 2ᵉ édition. . . . . 2 fr. 50
— Sur la Religion. Traduction, introduction et notes de A. Dietrich. 1 vol. in-16. 2ᵉ édition. . . . . 2 fr. 50
— Philosophie et Philosophes. Traduction, introduction et notes par A. Dietrich. 1 vol. in-16 . . . . 2 fr. 50
— Ethique, Droit et Politique. Traduction, introduction et notes par A. Dietrich. 1 vol. in-16. . . . . 2 fr. 50
— Métaphysique et Esthétique. Traduction, introduction et notes par A. Dietrich. 1 vol. in-16. . . . . 2 fr. 50
— Philosophie et Science de la nature. Traduction, introduction et notes par A. Dietrich. 1 vol. in-16 . . . . 2 fr. 50
— La Philosophie de Schopenhauer, par Th. Ribot. 12ᵉ édition. 1 vol. in-16. . . . . 2 fr. 50
— L'Optimisme de Schopenhauer. Etude sur Schopenhauer, par S. Rzewuski. 1 vol. in-16 . . . . 2 fr. 50
— Essai sur les apparitions et opuscules divers. Traduction, préface et notes par A. Dietrich. 1 vol. in-16 . . . . . 2 fr. 50

DESCARTES. Discours sur la méthode, avec notes, introduction et commentaire par V. Brochard, de l'Institut. 13ᵉ édition. 1 vol. in-12. . . . . 1 fr. 25
KANT. Critique de la raison pratique. Traduction, introduction et notes, par M. Picavet. 3ᵉ édition. 1 vol. in-8. . . . . 6 fr. »
RUYSSEN (Th.). Schopenhauer. (Collection *Les Grands Philosophes.*) 1 vol. in-8 . . . . 7 fr. 50
LIARD (L.), de l'Institut. Descartes. (*Collection historique des Grands Philosophes.*) 2ᵉ édition. 1 vol. in-8. . . . . . 2 fr. 50
JAMES (William). L'Expérience religieuse, traduit par F. Abauzit, agrégé de philosophie. 2ᵉ édition. 1 vol. in-8. (*Cour. par l'Académie française.*) . . . . 10 fr. »
FRANÇOIS-PONCET (A.). Les Affinités électives de Gœthe. Préface de M. H. Lichtenberger. 1 vol. in-8. . . . . 5 fr. »

REVUE PHILOSOPHIQUE
DE LA FRANCE ET DE L'ÉTRANGER

Dirigée par TH. RIBOT, membre de l'Institut, professeur honoraire au Collège de France.

(37ᵉ année, 1912). — Paraît tous les mois.

Abonnement (du 1ᵉʳ janvier), Un an : Paris, **30 fr.**
Département et étranger : **33 fr.** — La livraison : **3 fr.**